Los Cuentos del Conde Lucanor

NEW EDITION

Los Cuentos Del # CONDE LUCANOR

Don Juan Manuel

Adapted for intermediate students by

Marcel C. Andrade

Awarded the *Encomienda con Placa de la Orden Civil de Alfonso X el Sabio* by His Majesty King Juan Carlos I of Spain

Feldman Professor
University of North Carolina—Asheville

National Textbook Company
a division of NTC/Contemporary Publishing Group
Lincolnwood, Illinois USA

A mi hermano Junior con todo mi cariño.

Cover art: Shelly Bartek
Interior illustrations: Emily Watson

ISBN: 0-658-00567-7

Published by National Textbook Company,
a division of NTC/Contemporary Publishing Group, Inc.,
4255 West Touhy Avenue,
Lincolnwood (Chicago), Illinois 60712-1975 U.S.A.
© 2000, 1988 NTC/Contemporary Publishing Group, Inc.
All rights reserved. No part of this book may be reproduced,
stored in a retrieval system, or transmitted in any form or by any means,
electronic, mechanical, photocopying, recording, or otherwise,
without prior permission of the publisher.
Manufactured in the United States of America.

00 01 02 03 04 05 06 07 08 09 VP 0 9 8 7 6 5 4 3 2 1

Contents

Introduction vii
Nota del autor 1
Prólogo 3

Cuento

    I. Lo que le sucedió a un cuervo con una zorra 5

    II. Lo que le sucedió a un hombre que por pobreza comía altramuces 9

    III. Lo que le sucedió a un hombre que iba cargado de piedras preciosas 11

    IV. Lo que le sucedió a un honrado labrador con su hijo 13

    V. Lo que le sucedió a doña Truana 19

    VI. Lo que le sucedió a don Pedro Meléndez de Valdés cuando se rompió la pierna 21

    VII. Lo que le sucedió a un hombre al que tuvieron que limpiar el hígado 25

    VIII. Lo que le sucedió a una zorra que se tendió en la calle y se hizo la muerta 27

    IX. Lo que le sucedió a un hombre que cazaba perdices 31

    X. Lo que le sucedió a un moro con su hermana quien era muy miedosa 33

    XI. Lo que les sucedió a los cuervos con los búhos 37

XII. Lo que le sucedió a un rey con un hombre que le dijo
que sabía hacer oro 41

XIII. Lo que sucedió al árbol de la Mentira 45

XIV. Lo que le sucedió a un rey con los tres pícaros que
hacían tela 49

XV. Lo que le sucedió a un deán de Santiago con don Illán,
el mago de Toledo 55

Vocabulario 61

Introduction

Completed in 1335, *El conde Lucanor* ranks as the finest prose work written in Spanish during the fourteenth century. Many critics consider it to be the greatest piece of literary prose produced in Spain before the time of Cervantes.

The author of *El conde Lucanor*, Don Juan Manuel[1] (1282–1349) was the son of Prince Juan Manuel, a brother of King Alfonso X, known as "the Wise."[2] Don Juan Manuel played a crucial role in Spanish political affairs during the first half of the 1300s. Caught in the web of intrigue in the Castilian court, he defied King Alfonso XI and waged war against him in an alliance with the Moors of Granada.[3] Modern critics agree that at least fourteen books were authored by him. Like his uncle, Alfonso the Wise, Juan Manuel produced a series of literary works of encyclopedic scope.

El conde Lucanor (also called *El libro de los ejemplos* and *El libro de Patronio*) is a delightful collection of more than fifty tales, largely derived

---

[1] Don Juan Manuel was often erroneously called *Infante*. By right, only the legitimate sons of Spanish kings were so titled. Don Juan Manuel's father was, in fact, an *Infante*, because his father was King Ferdinand III. Don Juan Manuel was also called *Príncipe*, a title that had broad application in the fourteenth century. A portrait of the Don may be seen in a cloister chapel of the Cathedral in Murcia, Spain. He is shown with his daughter Doña Juana Manuel (who, as the wife of Enrique II, would become Queen of Castile). They are shown kneeling in prayer at the foot of an altar. The *Príncipe* is shown with beard and long, graying hair; large eyes; and a fine nose. His face expresses sharp intelligence, energy, and disillusion.

[2] Alfonso X, "the Wise" (1221–1284) was King of Castile and Leon. Under his auspices, Toledo became the hub of cultural life in thirteenth-century Castile. His reign was politically unsuccessful; however, he achieved renown in the field of letters, as both a patron and a writer. Alfonso gathered about him the outstanding Christian, Arab, and Jewish scholars of his day. With their collaboration, he undertook the task of compiling a series of encyclopedic works that were to embrace all human knowledge.

[3] During the Spanish *Reconquista* (711–1492), Christians normally found themselves at odds with the Moors, who occupied large areas of the Iberian Peninsula. However, from time to time, Christian chieftains fought alongside Moslem leaders for political or military reasons. El Cid, for example, fought along with the Moors of Seville against the Moors of Granada. Thus, Don Juan Manuel's alliance with the Moors of Granada against King Alfonso XI could claim precedents going back hundreds of years.

from Oriental sources. The stories are linked by the character of Count Lucanor, who recounts the various dilemmas of his life to his trusted advisor, Patronio. The advisor, in turn, suggests a solution by telling a tale that teaches a moral lesson. The tone of the lesson, however, is not that of a dour sermon. Instead, wisdom is couched in a narrative context characterized by humor and imagination, so that Lucanor *and* the reader enjoy themselves as they learn the principles of sensible living.

Reworking the simple traditional tales he found in Latin and vernacular sources, Don Juan Manuel created literary masterpieces filled with local color, irony, gritty realism, and a world view typical of his era. The probable sources that he drew upon to create *El conde Lucanor* suggest both the richness of his personal contacts and that of the Moorish-Castilian culture that flourished in fourteenth-century Spain. Those sources included manuscripts in the possession of the Dominican Friars[4] and those found in the vast libraries of King Alfonso the Wise (which boasted a large collection of Arab tales in translation). The scholars, philosophers, astronomers, astrologers, and poets at Alfonso's court may also have provided Don Juan Manuel with a considerable fund of traditional lore. In addition, he maintained contacts with Moorish Spain, particularly with the kingdom of Granada, the Moors' last stronghold on the Iberian Peninsula. He purported to have a command of the Arabic language, which would have facilitated his dealings with the Moors, as well as with foreign Arabs visiting their relatives in Spain. Professional Moorish storytellers also wandered the streets of major Spanish cities, and it is likely that Juan Manuel listened to the yarns they spun. The Moorish captives in Juan Manuel's dungeons may have provided him with narrative materials as well. Finally, the tales of Spanish Jews and of pilgrims[5] visiting the peninsula may likewise have enriched his repertoire of tales.

This new edition of *Los cuentos del conde Lucanor* has been specially adapted and abridged for intermediate students. Every attempt has been made to select the best stories of the original text. At the same time, archaic language has been modernized and difficult constructions simplified—all with the aim of preserving the spirit and style of this Spanish masterpiece for the modern reader. The moral of every story appears in rhyme at the story's end, and a translation is provided in a footnote to

---

[4] Don Juan Manuel built a monastery for the Dominican Friars near his castle in Peñafiel. He bequeathed his manuscripts to the monastery and was buried there.
[5] See "Cuento XV," footnote 1.

help infuse students with the spirit and meaning of the verse, not to serve as a literal translation.

This new edition boasts a variety of comprehension activities that guide students to be successful readers. Each story is preceded by a prereading activity that will encourage students to use their prior knowledge and critical thinking skills to make their own special connection to the moral of the story. Each story is then followed by a variety of comprehension activities to ensure student understanding. Students will be asked some general objective questions based on what is going on in the story; they also might have to sequence events described in the story or decide if given statements are true or false, correcting the false information. There is also a *¿Qué opinas?* section that appears after every story and foments classroom discussion. The new, open design of this edition is more inviting to students, and the completely new illustrations are superb visual aids that will enhance their reading enjoyment. Each story is thoroughly annotated; students will not be mystified by historical or literary allusions. Readers will find a note concerning the probable origins of most of the tales. These source notes were compiled with the advice of the foremost medieval Spanish scholar in the United States today, Professor John E. Keller, Professor Emeritus of the University of Kentucky at Lexington. In addition to this information, difficult vocabulary is glossed at the foot of the page to maintain the flow of reading and avoid having to look up unfamiliar terms in a dictionary. A general compilation of words can be found in the Spanish-English *Vocabulario* at the back of the book.

Nota del autor

El infante don Juan Manuel advierte° a sus lectores que escribió este libro para que aproveche° a sus honras,° a sus haciendas° y a su poder,° para ponerlos en camino de la salvación de sus almas.° Con este objeto escogió° los cuentos más provechosos° que oyó contar* y los puso en este libro para que el lector aprendiera° el arte de vivir. Sería extraño que el lector no encontrara en este libro algo similar a lo que le ha pasado° en su vida. En fin, don Juan ruega° a quienes lo lean que no le culpen° de las faltas° que se encuentren en el libro sin verificar el texto original que está en el monasterio de los frailes dominicos° de Peñafiel. Dice también don Juan que hizo este libro para enseñar a los que no son ni sabios ni letrados.° Por esto escribió en romance castellano° y no en latín.

advierte advises, informs
aproveche would profit
honras honor, dignity
haciendas possessions
poder power
almas souls
escogió selected
provechosos profitable
aprendiera would learn
ha pasado has happened
ruega pleads, entreats
culpen blame
faltas mistakes
frailes dominicos Dominican friars
ni sabios ni letrados neither wise nor learned
romance castellano Castilian (Spanish) language

* In Don Juan Manuel's time, there were great tellers of folktales (often in an Oriental setting), allegories, moral fables, and so on.

Prólogo

En el nombre de Dios. Amén.* Entre las maravillosas cosas que Dios ha hecho, está la cara del hombre. No hay dos caras similares en el mundo. Asimismo,° no hay dos hombres que tengan la misma voluntad° o inclinación. Sin embargo, hay una cosa en la que los hombres sí son similares, y es que aprenden mejor lo que más les interesa. De esta manera, el que quiera enseñar a otro alguna cosa deberá presentarla de una manera que le sea agradable para el que la aprende. Por esto yo, don Juan, hijo del príncipe don Manuel, escribí este libro con las palabras más hermosas que pude. Esto hice, siguiendo el ejemplo de los médicos, quienes ponen dulce° a las medicinas para que el dulzor arrastre° consigo la medicina que beneficia. Así, el lector se deleitará con° sus enseñanzas, y aunque no quiera, aprenderá su instrucción.

Si por acaso° los lectores encuentran algo mal expresado, no echen la culpa° sino a la falta de entendimiento de don Juan Manuel; y si por el contrario encuentran algo provechoso, agradézcanle° a Dios, el inspirador de los buenos dichos y las buenas obras.

Y pues, ya terminado el prólogo, de aquí en adelante° comienzan los cuentos. Hay que suponer que un gran señor, el conde Lucanor, habla con Patronio, su consejero.°

Asimismo Likewise
voluntad will
ponen dulce sugarcoat
arrastre may take along
se deleitará con will delight in
por acaso by chance
echen la culpa blame
agradézcanle thank
de...adelante from this point on
su consejero his advisor

* *En el nombre de Dios. Amén.*: "In the name of the Lord. Amen." Writers of the period often asked for guidance from God, by means of an invocation, before beginning to write.

Cuento I

Antes de leer: *¿Crees que las personas que aparentan ser tus amigos siempre te dicen la verdad? ¿O crees que la gente a veces miente por el bien de los demás? Explica tu punto de vista.*

A continuación vas a tener la oportunidad de pensar más en este tema.

Lo que le sucedió a un cuervo con una zorra

Una vez le hablaba el conde Lucanor a Patronio, su consejero, de la siguiente manera:

—Patronio, un hombre me ha elogiado° mucho, diciéndome que yo tengo mucho mérito y mucho poder. Después de alabarme° de esta manera, me propuso una cosa que a mí me parece conveniente.

—Señor conde Lucanor —respondió Patronio—, sabe° que ese hombre te quiere engañar° porque te da a entender° que tus méritos y tu poder son mayores que la realidad. Para que te puedas guardar° del engaño que te quiere hacer ese hombre, te relataré lo que le sucedió° al cuervo° con la zorra.°

El conde le preguntó cómo fue eso.

—Señor conde —respondió Patronio—, el cuervo encontró una vez un gran pedazo de queso y voló a un árbol alto para comerlo a su gusto y sin que nadie le molestara. Estando así el cuervo, pasó la zorra y, cuando vio el queso, comenzó a pensar cómo quitárselo. Con este objeto dijo lo siguiente:

---

ha elogiado has praised
alabarme flattering me
sabe be aware
engañar to deceive

te...entender makes you think
te puedas guardar protect yourself against

lo...sucedió what happened
cuervo crow
zorra female fox

Source note: Don Juan Manuel's source was, most probably, a version of Aesop's fables. Juan Ruiz, archpriest of Hita, who was a contemporary of Don Juan Manuel, also used this fable, but in verse, in his *Libro de buen amor*. In English, readers most often find this story in versions of the fables of the French writer, Jean de La Fontaine (1621–1695).

—Don Cuervo, hace mucho tiempo que he oído ponderar° tu hermosura. Te he buscado y por dicha° mía hoy te he hallado. Veo que eres muy superior a lo que me decían. Para probar que no te digo lisonjas,° te diré que los defectos que te atribuyen, como el color negro de tus plumas, ojos, pico, patas y garras, no son defectos. Tus plumas son tan negras que tienen reflejos° azules como los del pavo real.° El color negro de tus ojos te hace ver mejor. Los ojos negros son los mejores. Además, tu pico y tus garras son mucho más fuertes que los de otras aves° de tu tamaño. Al volar, tú eres tan veloz que vuelas contra el viento fuerte. Fuera de esto, estoy convencida de que Dios te ha hecho perfecto porque te habrá dado una voz mejor que la de ningún pájaro.

El cuervo pensó que la zorra le decía la verdad y no sospechó que le quería quitar el queso que tenía en el pico. Conmovido por los ruegos y elogios de la zorra, abrió el pico para cantar y se cayó el queso en la tierra. La zorra lo cogió y huyó con el queso.

Fíjate° bien, señor conde Lucanor, que aunque la intención de la zorra era engañar al cuervo, lo que le dijo era la verdad, pero la verdad engañosa. Tú, señor conde, aunque Dios te bendijo con mucho, debes ver que este hombre te quiere engañar. Guárdate° de él.

Al conde le agradó° mucho lo que Patronio dijo y lo hizo así, evitando° muchos daños.° A don Juan le gustó este cuento y lo hizo poner en este libro con estos versos:[1]

> Cuida que te quite lo que tienes
>
> Quien te alaba por lo que no tienes.[2]

---

ponderar praised highly
por dicha by good fortune
lisonjas flattery
reflejos reflections
pavo real peacock
aves birds
Fíjate Look, Notice
Guárdate Stay away
agradó pleased
evitando avoiding
daños harms

[1] *A don Juan le gustó este cuento y lo hizo poner en este libro con estos versos:* "Don Juan thought this a good story, and he had it placed in this book along with the following verses." This statement, with several variations, appears at the end of each story. The verses that follow summarize the moral of the story.

[2] The translation of the verse at the end of each story conveys the spirit and meaning of the moral (*la moraleja*), but it is not a literal, word-for-word translation.
"He who praises you for virtues you have not
Would steal from you what you have got."

Comprensión

A. Contesta las siguientes preguntas.
1. ¿Cómo elogió un hombre al conde Lucanor? ¿Y qué le propuso luego?
2. ¿Qué dice Patronio?
3. ¿Qué le relatará Patronio?
4. ¿Qué hizo el cuervo al encontrar el queso?
5. ¿Qué pensó la zorra?
6. ¿Por qué habla la zorra de los defectos del cuervo?
7. ¿Cómo describe la zorra al cuervo?
8. ¿Qué hizo por vanidad el cuervo?

B. ¿Qué opinas?
1. Para ti, ¿qué significa "la verdad engañosa"? Comenta tus ideas con tus compañeros de clase.
2. ¿Alguna vez has estado en la situación de la zorra? ¿Has dicho una mentira para lograr o obtener algo que querías? Explica tu respuesta.
3. La zorra alabó al cuervo por su propio beneficio. ¿Qué opinas de alguien que alaba a otro por el bien de los demás, por ejemplo, para convencerle de servir como voluntario en un hospital? Comparte tus opiniones con tus compañeros de clase.

Cuento II

Antes de leer: ¿Alguna vez te has sentido desgraciado(a), pero luego te arrepentiste al ver a otra persona que sufría más que tú? Explica la situación.

A continuación vas a tener la oportunidad de pensar más en este tema.

Lo que le sucedió a un hombre que por pobreza comía altramuces

Otro día dijo el conde Lucanor a Patronio, su consejero:

—Bien sé que Dios me ha dado más de lo que merezco,° pero a veces me encuentro tan escaso° de dinero que quisiera dejar esta vida. Yo quisiera un consejo tuyo para remediar esta aflicción mía.

—Señor conde Lucanor —dijo Patronio—, para tu consuelo te relataré lo que les sucedió a dos hombres que eran muy ricos.

El conde le rogó que lo relatara.

—Señor conde —comenzó Patronio—, uno de los dos hombres era tan pobre que no tenía nada que comer. Se esforzó por encontrar algo y no pudo hallar sino una escudilla° de altramuces.° Comenzó entonces el hombre a llorar, recordando lo rico que había sido; sin embargo, comía los amargos° altramuces cuyas cáscaras° tiraba detrás de sí. En medio de este pesar,° notó que detrás de él había otro hombre que se comía las cáscaras de altramuces que él tiraba. Este último era otro hombre, más rico aun, que también había perdido su dinero.

Cuando vio esto el primer hombre, le preguntó al segundo por qué comía las cáscaras. El segundo dijo que aunque había sido más rico que el primero, había llegado ahora a tal extremo de pobreza y hambre que se

---

merezco I deserve
escaso lacking, short
escudilla bowl
altramuces bitter lentils
amargos bitter
cáscaras pods, shells
pesar sorrow

Source note: According to the critics, this episode probably comes from the autobiography of an Arab, Abdal-Rahman, who lived during the tenth or eleventh century.

alegraba mucho de encontrar las cáscaras de altramuces. Cuando oyó esto el primer hombre, se consoló. Vio que había otro hombre más pobre que él. Con este consuelo se esforzó por salir de la pobreza y, con la ayuda de Dios, volvió a ser rico.

Tú, señor conde Lucanor, debes saber que nadie en el mundo lo logra todo.° Dios mucho te ha premiado.° Si alguna vez te falta dinero, acuérdate que otros más ricos también pasan por lo mismo.

Al conde le agradó mucho el consejo de Patronio y, con la ayuda de Dios, salió de las penas en las que se encontraba.

A don Juan le gustó mucho este cuento y lo hizo poner en este libro con los siguientes versos:

> No desmayes por pobreza
>
> Hay otros más pobres, certeza.*

Comprensión

A. Contesta las siguientes preguntas.
1. ¿Cuál es la situación económica del conde Lucanor?
2. ¿Qué comía el primer hombre? ¿Por qué?
3. ¿Por qué lloró el primer hombre?
4. ¿Qué notó el primer hombre?
5. ¿Quién era el segundo hombre?
6. ¿Qué le preguntó el primer hombre al segundo?
7. ¿Qué dijo el segundo hombre?
8. ¿Cómo reaccionó el primer hombre?
9. ¿Qué le dice Patronio al conde?

B. ¿Qué opinas?

En tu opinión, ¿cuál es la moraleja de este cuento? ¿Estás de acuerdo con ella? Explica por qué.

---

lo logra todo attains everything   **premiado** rewarded

*   "Let not poverty dismay your mind;
       Others poorer than yourself you'll find."

Cuento III

Antes de leer: ¿Sabes qué es la codicia? [greed written above] Si no, busca el significado de la palabra en el "Vocabulario". En tu opinión, ¿cuáles son las desventajas de ser codicioso/a?

A continuación vas a tener la oportunidad de pensar más en este tema.

Lo que le sucedió a un hombre que iba cargado de piedras preciosas

Un día le dijo el conde Lucanor a Patronio que quería quedarse a pasar la noche en un lugar porque ciertos deudores° iban a pagarle mucho dinero que le debían. Sin embargo, el conde tenía miedo de que si se quedaba, iba a poner en peligro su vida. Le preguntó entonces a Patronio qué debía hacer.

—Señor conde Lucanor —respondió Patronio—, una vez un hombre llevaba a cuestas° una gran cantidad de piedras preciosas. Eran tantas que pesaban° mucho. El hombre tenía que cruzar un río para llegar a su casa. Al llegar a mitad del río, empezó a hundirse° en el lodo.° Otro hombre que estaba en la orilla° le gritaba que si no soltaba la carga se ahogaría.° El hombre con su carga de piedras preciosas se hundió en el río y se ahogó. Por no perder las piedras preciosas que traía consigo murió en el río.[1] Aquel tonto no se dio cuenta que podía salvar su vida, y la codicia lo mató.

A ti, señor conde Lucanor, aunque no dudo que es conveniente cobrar tu dinero, te aconsejo que si hay peligro por tu vida, no te arriesgues° por afán al dinero. Tu vida debe ser arriesgada sólo en defensa de tu honor[2] u otra cosa que te obligue. El hombre que vale aprecia mucho su vida y no la arriesga por codicia o por pequeña ocasión.

---

deudores debtors   **hundirse** sink   **se ahogaría** would drown
a cuestas on his shoulders   **lodo** mud   **no te arriesgues** don't take
pesaban they weighed   **orilla** riverbank   risks

[1] Don Juan Manuel is using an old idea that may have roots in actual events. Drowning in a river because one refuses to throw away valuables is a theme found frequently in the folklore of many cultures.

Al conde le gustó mucho la moraleja,° obró° según ella y le fue muy bien. Viendo don Juan que este cuento era bueno, lo hizo poner en este libro y escribió los siguientes versos:

> Quien por codicia la vida aventura,
>
> En muchísimas veces el bien poco dura.³

Comprensión

A. Contesta las siguientes preguntas.
1. ¿Por qué quería pasar la noche en cierto lugar el conde Lucanor?
2. ¿Por qué tenía miedo?
3. ¿Qué llevaba un hombre a cuestas?
4. ¿Qué le pasó en mitad del río?
5. ¿Qué hizo el hombre que cruzaba el río?
6. ¿Qué aconseja Patronio al conde?

B. ¿Qué opinas?
1. ¿Qué piensas de la moraleja de este cuento? ¿Estás de acuerdo con las ideas de Patronio? Discute este tema con tus compañeros.
2. Hoy en día se oye de situaciones en que las personas se lastiman o se mueren porque no quieren soltar algo que aprecian mucho. ¿Qué harías tú en tal situación? ¿Crees que todos somos codiciosos por naturaleza? Explica tu respuesta.

---

moraleja brief moral tale; moral   **obró** proceeded

² *en defensa de tu honor:* Honor has always held an important place among the values in Spanish culture. The theme of honor can be found in the earliest writings in Spanish. During Spain's Golden Age in the sixteenth and seventeenth centuries, honor was the central theme in the *comedia* ("drama"). Society had very strict codes of honor. When they were broken, full retribution was required, including duels. Honor was defined as respect received in the form of glory, fame, renown, credit, or good reputation. Noble families maintained high standards of honor. In the minds of aristocrats, the poor had no honor to protect.

³ "He who risks his life through greed
   His way to death will surely speed."

Cuento IV

Antes de leer: ¿Has estado alguna vez en una situación en la que les pediste consejos a varias personas y cada una te dio un consejo distinto? ¿Cuál de los consejos seguiste? ¿Los consejos te sirvieron de algo? ¿Crees que es mejor seguir tu propio parecer en vez de pedirles consejos a los demás? ¿Por qué? A continuación vas a tener la oportunidad de pensar más en este tema.

Lo que le sucedió a un honrado labrador con su hijo

En otra ocasión, le hablaba el conde Lucanor a Patronio, su consejero. El conde tenía dudas sobre una cosa que quería hacer. Sabía que mucha gente lo criticaría lo mismo si lo hacía o no lo hacía. Pidió entonces consejo a Patronio; éste le relató el siguiente cuento.

—Había una vez un labrador° honrado° quien tenía un hijo muy inteligente, pero muy joven. Cada vez que el padre quería hacer alguna cosa para mejorar su hacienda,° el hijo enumeraba las cosas negativas que podían suceder. De esta manera, el joven era un obstáculo para las empresas° de su padre en muchas ocasiones. Después de un tiempo y luego de haber sufrido perjuicios,° decidió el labrador honrado enseñar una lección a su hijo para que le sirviera como ejemplo.

El hombre y su hijo eran agricultores y vivían cerca de una villa. Un día de feria[1] fueron a la villa a comprar algunas cosas que necesitaban. Llevaron un asno° para cargar las compras. Iban a la villa ambos° a pie

---

labrador farmer
honrado honest
mejorar su hacienda to improve his farm
empresas undertakings
perjuicios damages, setbacks
asno donkey
ambos both

Source note: La Fontaine's fable, *The Miller, His Son, and the Ass*, is well known to English readers. The fable has ancient roots. It appeared in an early Indian romance, *The Book of Sindbad the Philosopher*.

[1] *día de feria:* a holiday or market day. In Spain and in Latin America, *día de feria* is the name for a day of the week when merchants and street vendors sell their wares in certain town squares. These events attract rural people, for whom this is the only day to sell their produce, poultry, and so forth—and to shop.

con el asno sin carga. Encontraron entonces a unos hombres que regresaban de la villa y que pronto comenzaron a susurrar.° Decían que no eran sensatos° ni el padre ni el hijo porque iban a pie y no en el asno. El labrador, al oír esto, preguntó a su hijo: —¿Qué piensas de lo que dicen?

—Tienen razón —dijo el mozo.° Entonces el padre le mandó a su hijo que montara en el asno.

A poco rato encontraron a otros hombres que regresaban de la villa y que pronto comenzaron también a susurrar. Decían que no estaba bien que el labrador viejo y cansado caminara, mientras que su hijo joven fuera cómodo° en el asno. El padre, al oír esto, preguntó a su hijo: —¿Qué piensas de lo que dicen?

—Es verdad —dijo el mozo. Entonces el labrador mandó a su hijo que bajara del asno, y montó en su lugar.

Un poco más allá° encontraron una vez más a otros hombres que regresaban de la villa, y que pronto comenzaron el susurro acostumbrado.° Decían que el padre, hecho a las fatigas del trabajo, debía dejar que el hijo, tierno° aún, fuera en el asno. —¿Qué piensas de lo que dicen? —preguntó a su hijo el labrador.

—Dicen la verdad —dijo el joven. Entonces le mandó el padre a su hijo que subiera también al asno, para no ir a pie ninguno de los dos.

Así iban cuando nuevamente se encontraron con otros hombres quienes susurraron de la misma manera. Decían que era un crimen que padre e hijo cabalgaran° en un asno tan flaco. —¿Qué te parece lo que dicen? —preguntó a su hijo el labrador.

—Es muy cierto —respondió el joven.

—Hijo —dijo el padre—, ¿qué podemos hacer que no sea criticado? Ya nos criticaron por ir los dos a pie, por ir tú montado y yo a pie, y viceversa; y ahora nos critican porque montamos los dos. Fíjate que tenemos que hacer algunas de estas cosas y todas serán criticadas. Esto es una lección para tu vida: nunca harás nada que parezca bien a todos; por lo tanto, haz lo que más te convenga, con tal de que no sea malo. Nunca deberás tener miedo a lo que dice la gente.

---

susurrar to whisper
sensatos sensible
mozo lad
cómodo comfortable
más allá farther down
acostumbrado usual
tierno young
cabalgaran rode

LOS CUENTOS DEL CONDE LUCANOR 15

*Decían que no estaba bien que el labrador viejo y cansado caminara,
mientras que su hijo joven fuera cómodo en el asno.*

Y tú, señor conde, debes mirar el daño o el provecho que puede venir. Si tú no te fías° de tu criterio,° debes buscar el consejo de los que son inteligentes, fieles° y capaces de guardar secreto. Si el tiempo no apremia,° debes dejar pasar° por lo menos un día y una noche antes de resolver lo que quieres.

El conde hizo lo que Patronio le dijo y todo le salió bien. Don Juan vio que este cuento era bueno y lo hizo poner en este libro con estos versos:

>Por miedo a la crítica, no dejes de hacer
>
>Lo que más conveniente te parece ser.[2]

Comprensión

A. Contesta las siguientes preguntas.
1. ¿Cuál es el problema del conde Lucanor?
2. ¿Cómo era el hijo del labrador? ¿Qué le hacía al padre?
3. ¿Qué decidió hacer el padre?
4. ¿Adónde fueron el padre y el hijo? ¿Cómo?
5. ¿Qué conclusión hace el padre respecto a los comentarios de los hombres que encontraron? ¿Cuál es la lección?
6. ¿Qué debe hacer el conde?

B. Indica si las siguientes oraciones son ciertas (C) o falsas (F). Corrige la información falsa y cita las palabras o frases del cuento que apoyan la información.
1. El conde le pide consejos a Patronio.
2. El labrador y su hijo fueron al pueblo a vender el asno.
3. Al principio tanto el padre como su hijo iban montados en el asno.
4. Algunos hombres comentaban que era raro que padre e hijo no fueran montados en el asno.
5. El hijo decidió montar en el asno.

---

no te fías don't trust
criterio judgment
fieles faithful

Si...apremia If time is not pressing

dejar pasar to let pass

[2] "Unasked advice will seldom do; Your own best choice is made by you."

6. Algunos hombres susurraron que estaba mal visto que el hijo no permitiera a su padre ir montado en el asno.
7. Los dos, padre e hijo, montaron en el asno.
8. El padre decidió permitir que el hijo montara en el asno.

C. ¿Qué opinas?

¿Qué te parece la moraleja del cuento? ¿Estás de acuerdo con ella? Compara tus opiniones con las de tus compañeros de clase.

Cuento V

Antes de leer: *¿Crees que la imaginación de uno puede producir cosas buenas o malas? Explica tu punto de vista y cita casos concretos de tu propia experiencia.*

A continuación vas a tener la oportunidad de pensar más en este tema.

Lo que le sucedió a doña Truana

Otro día le hablaba el conde Lucanor a Patronio, su consejero, de la siguiente manera:

—Patronio, un hombre me ha aconsejado que haga una cosa y me ha dicho cómo hacerla. Estoy seguro de que si me sale bien, los beneficios serán muy grandes—. Luego el conde dio a Patronio todos los detalles, a lo cual dijo Patronio:

—Señor conde, siempre es prudente atenerse° a la realidad y no a lo imaginado. Así es lo que le pasó a doña Truana,[1] quien confiaba en su imaginación.

El conde le preguntó qué le pasó.

—Señor conde —dijo Patronio—, había una vez una mujer que se llamaba doña Truana, y era más pobre que rica. Un día llevaba al mercado sobre su cabeza una olla de miel.° Pensaba en el camino que si vendía la miel y compraba huevos, nacerían gallinas.° Vendería las gallinas y compraría ovejas.° Y así seguían las ganancias en su mente, hasta que se vio más rica que todas sus vecinas. Luego pensó que con aquella riqueza casaría a sus hijos e iría por la calle acompañada de sus yernos°

---

atenerse to adhere
olla de miel pot of honey
nacerían gallinas chickens would hatch
ovejas sheep
yernos sons-in-law

Source note: An early version of the story used by Don Juan Manuel was found in the *Libro de Calila e Dimna*, a Spanish translation from the Arabic written in the thirteenth century. This text was available in the libraries of Don Juan Manuel's uncle, King Alfonso X, the Wise. The story in English of "The Milk Maid" is similar.

[1] *Truana* is the comical equivalent of the English name Gertrude.

y sus nueras.° La gente se admiraría de su prosperidad. Pensando en esto, comenzó a saltar, bailar y reír de alegría, y en esto se dio un golpe con la mano en la frente° y se le cayó la olla en la tierra, partiéndose° en pedazos. Cuando doña Truana vio la olla rota, empezó a lamentarse como si hubiera perdido una gran fortuna.

Y tú, señor conde Lucanor, debes fijarte en las cosas que sean posibles y no en las fantásticas, dudosas y vanas.

Al conde le agradó mucho el consejo de Patronio, así lo hizo y todo le salió bien. A don Juan le gustó este ejemplo; por esto, lo mandó poner en este libro con estos versos:

> Confía en las cosas ciertas,
>
> Evita las cosas inciertas.[2]

Comprensión

A. Contesta las siguientes preguntas.
1. ¿Qué le dice Patronio al conde?
2. ¿Cómo era doña Truana?
3. ¿Qué llevaba al mercado?
4. ¿Qué haría con la miel? ¿con los huevos? ¿con las gallinas? ¿con las ovejas?
5. ¿Cómo se vio?
6. ¿Cómo iría por la calle? ¿Qué haría la gente?
7. ¿Qué le sucedió cuando saltaba, bailaba y reía?
8. ¿Qué hizo doña Truana cuando vio la olla rota?

B. ¿Qué opinas?
1. ¿Alguna vez has estado en una situación similar a la de doña Truana? ¿Has soñado con riquezas, fama, aventuras o algo que no tienes en este momento? Explica tu respuesta.
2. ¿Qué te parece la moraleja de este cuento? Discute este tema con tus compañeros de clase.

---

nueras daughters-in-law **frente** forehead **partiéndose** splitting

[2] "Confine your thoughts to what is real,
And cease to nurse a vain ideal."

Cuento VI

Antes de leer: ¿Crees en el destino? O sea, ¿crees que en la vida las cosas nos pasan por alguna razón o crees más bien en el azar? Explica tu punto de vista.
A continuación vas a tener la oportunidad de pensar más en este tema.

Lo que le sucedió a don Pedro Meléndez de Valdés cuando se rompió la pierna

Un día el conde Lucanor le hablaba a Patronio, su consejero, de esta manera:

—Patronio, tú sabes que tengo un pleito° con un vecino mío que es muy poderoso. Hemos decidido ir a una villa y el que llegue primero a ella será su dueño.° Tengo reunida a toda mi gente, y estoy seguro de que ganaré la villa. Pero tengo un inconveniente. No me siento bien. La villa será una pérdida muy grande, pero más temo lo que la gente dirá en elogio de mi vecino y en vituperio° mío. ¿Qué debo hacer, Patronio?

—Señor conde Lucanor —respondió Patronio—, te contaré el cuento de Pedro Meléndez de Valdés,[1] que será muy apropiado para solucionar tu dilema. Don Pedro era un caballero de León[2] quien tenía la costumbre de

---

pleito quarrel, lawsuit **dueño** owner **vituperio** censure

Source note: Scholars have not identified the origin of this tale. It is interesting to note, however, that a Spanish proverb points to the same moral: *"Quebreme el pie, quizás por bien"* ("I broke my foot, but perhaps good will come of it").

[1] *de Valdés*: from the region of Valdes in the Kingdom of Leon, Spain. The Spanish nobility used to indicate after their name the location of their estates or where they were born. Today, Spanish names seem long and complicated to the English speaker. There is a first name just as in English. There is a middle name, but sometimes the first name is a compound, for example, Juan Carlos. Then follow the father's last name, as in English, and the mother's maiden name. If a woman is married, she keeps her maiden name, followed by the preposition *de* and the husband's family name.

[2] *León*: an old Spanish kingdom that united with Castile in 1230. The old kingdom, now a part of the autonomous region of Castile-Leon, included the provinces of Leon, Zamora, and Salamanca, and parts of Palencia and Valladolid.

decir: «Bendito sea Dios, lo que Él ha hecho será por bien».³ Decía esto cada vez que sufría una contrariedad.°

Don Pedro era un favorito⁴ del rey de León. Otros consejeros del rey, llenos de envidia, le calumniaron° a don Pedro, acusándole de tantos crímenes que el rey decidió hacerlo matar. Llegó una orden del rey a la casa de don Pedro, en la cual le mandaba que fuera inmediatamente a hablar con él. Los del rey, quienes iban a matarlo, le esperaban a don Pedro cerca de su casa. Al bajar las gradas° de su casa, se cayó don Pedro, rompiéndose una pierna. Cuando sus sirvientes lo vieron así, le dijeron:

—Don Pedro, siempre dice que Dios hace lo mejor. ¿Cómo explica esto?

Don Pedro respondió que su desgracia° al final sería por su bien, ya que Dios lo había hecho. Ellos no pudieron hacerle cambiar de opinión a don Pedro.

Cuando los del rey, quienes iban a matarlo, vieron que don Pedro no venía y supieron la causa, se fueron donde el rey para explicarle el caso.

Don Pedro pasó mucho tiempo en cama. El rey en ese tiempo se enteró° de que eran falsas las acusaciones de los enemigos de don Pedro. Por esta razón los mandó a prender.° Luego fue el rey a ver a don Pedro, que seguía sin poder moverse, y le contó todo. Le pidió perdón y le hizo muchos regalos como compensación. Después mandó ejecutar° a los calumniadores en presencia de don Pedro. Así libró Dios a don Pedro Meléndez de sus enemigos y resultó verdad que lo que Dios hace es siempre para bien.

Señor conde Lucanor, si confías en lo que Dios hace, es siempre mejor. Él hará todo para tu bien. Hay dos tipos de cosas que suceden: las que tienen remedio y las que no lo tienen. El hombre debe remediar las primeras, y las segundas son la voluntad de Dios, y son por nuestro bien. Tu enfermedad, conde Lucanor, es por la voluntad de Dios. Dios ha dispuesto° así. Él hará que todo te salga bien.

El conde obró según el consejo de Patronio y le salió todo muy bien.

---

contrariedad setback
calumniaron slandered
gradas steps
desgracia accident, misfortune
se enteró found out
prender apprehend
ejecutar to execute
dispuesto arranged, deemed

³ *...lo que Él ha hecho será por bien:* ". . . for what He does is all for the best." This expresses an attitude common to many of the world's religions.

⁴ *favorito:* favorite or confidant, a person who enjoys the favor of a king or high-ranking nobleman.

Don Juan, contento con este cuento, lo hizo poner en este libro con estos versos:

> No te quejes° de lo que Dios hace,
>
> Será por tu bien cuando lo hace.⁵

Comprensión

A. Contesta las siguientes preguntas.
1. ¿Cómo resolverán el pleito el conde Lucanor y un vecino suyo?
2. ¿Cuál es el inconveniente del conde?
3. ¿Quién era don Pedro Meléndez de Valdés?
4. ¿Qué solía decir don Pedro? ¿Cuándo?
5. ¿Qué hicieron otros consejeros del rey?
6. ¿Qué decidió el rey?
7. ¿Para qué le esperaban los del rey a don Pedro?
8. ¿Qué le pasó entonces a don Pedro?
9. ¿Qué dijo don Pedro? ¿Cambió de opinión?
10. ¿De qué se enteró el rey?
11. ¿Qué hizo entonces el rey?

B. Pon en orden cronológico (1–8) los siguientes acontecimientos del cuento.
- _3_ Don Pedro se cayó y se fracturó la pierna.
- _1_ El conde Lucanor le explica su problema a su consejero.
- _5_ El rey mandó venir a la corte a don Pedro.
- _6_ Los del rey se prepararon a matar a don Pedro.
- _7_ El rey hizo ejecutar a los que habían calumniado a don Pedro.
- _8_ El rey se enteró de que las acusaciones de sus consejeros contra don Pedro eran falsas.
- _2_ Patronio le cuenta al conde el caso de don Pedro Meléndez de Valdés.
- _4_ Unos consejeros del rey le criticaron a don Pedro al rey.

No te quejes Don't complain

⁵ "What God hath wrought is all for thee,
Be patient, then, His will to see."

C. ¿Qué opinas?
1. Don Juan Manuel escribió el cuento hace muchos siglos. ¿Podría ocurrir en la actualidad una situación parecida a la del cuento? Haz comparaciones y coméntalas con tus compañeros de clase.
2. ¿Qué piensas de la moraleja de este cuento? Explica tus opiniones y discútelas con tus compañeros de clase.

Cuento VII

Antes de leer: *¿Crees que la generosidad tiene límites o crees que uno debe sacrificar todo lo que tiene por sus amigos o familiares? Cita un caso concreto para apoyar tu opinión.*

A continuación vas a tener la oportunidad de pensar más en este tema.

Lo que le sucedió a un hombre al que tuvieron que limpiar el hígado

Una vez le hablaba el conde Lucanor a Patronio de la siguiente manera:

—Patronio, Dios me ha premiado con muchas riquezas; empero,° en este momento me hallo necesitado de dinero. Voy a tener que vender la finca° a la que tengo más cariño,° y eso es tan penoso° para mí como la muerte. Sólo así saldré del problema económico que tengo. Precisamente cuando tengo que hacer esto, que me duele mucho, viene donde mí a pedirme dinero gente que yo sé no lo necesita. Patronio, por la confianza que tengo a tu entendimiento, ¿qué debo hacer?

—Señor conde Lucanor —dijo Patronio—, me parece que te pasa con esa gente lo que le pasó a un hombre muy enfermo.

El conde le preguntó cómo era eso.

—Señor conde —dijo Patronio—, había un hombre muy enfermo, al cual le informaron los médicos que no podía curarse si no le hacían una abertura por el costado° y le sacaban el hígado°[1] para lavarlo con ciertas

---

empero but, however **cariño** affection **costado** side (*of the body*)
finca farm **penoso** painful **hígado** liver

Source note: The source of this story is unknown. However, similar stories can be found in the *Gesta Romanorum* (*gestas* were epic or heroic poems of the Middle Ages) and in *Grimm's Fairy Tales*.

[1] This story is absurd because medieval doctors had neither the means nor the knowledge to remove the liver. Only late in the twentieth century were such operations made possible. The idea was meant to be humorous since cats do like liver, thereby making the situation paradoxical and comical.

medicinas que lo librarían del mal del hígado. Cuando le estaban operando y el cirujano° tenía el hígado en su mano, un hombre quien estaba a su lado le pidió que le diera un pedazo de ese hígado para su gato.

Tú, señor conde Lucanor, si quieres perjudicarte° por dar dinero a quien bien sabes que no lo necesita, lo puedes hacer, pero no por consejo mío.

Al conde le agradó mucho lo que Patronio le dijo. No dio el dinero, y le fue muy bien. Don Juan vio que este cuento era bueno, por eso lo hizo escribir en este libro con estos versos:

> El no saber lo que se debe dar,
>
> Daños a los hombres ha de causar.[2]

Comprensión

A. Contesta las siguientes preguntas.
1. ¿Por qué tendrá que vender su finca el conde Lucanor? ¿Qué siente?
2. ¿Quiénes vienen? ¿Para qué?
3. ¿Cómo curarán al hombre enfermo?
4. ¿Qué le pidió al cirujano el hombre que estaba a su lado?
5. ¿Cómo se relacionan el pedazo de hígado y la finca?

B. ¿Qué opinas?
1. ¿Qué te parece la moraleja de este cuento? Explica tu respuesta.
2. ¿Has estado alguna vez en una situación en la que te han pedido sacrificar lo que más estimabas? ¿Cómo se puede decidir si uno debe o no debe hacer un sacrificio? Discute tus ideas con tus compañeros de clase.

---

cirujano surgeon   **perjudicarte** harm yourself

[2] "Know when to give, when to withhold,
Or you may come to want untold."

Cuento VIII

Antes de leer: *No siempre nos llevamos bien con nuestros vecinos y compañeros, ¿verdad? ¿Pero hasta qué punto crees que debemos soportar los abusos de los demás? Explica tu respuesta.*

A continuación vas a tener la oportunidad de pensar más en este tema.

Lo que le sucedió a una zorra que se tendió en la calle y se hizo la muerta

Otro día le hablaba el conde Lucanor a Patronio, su consejero, de la siguiente manera:

—Patronio, un pariente mío no tiene suficiente poder en su comarca° para evitar que le hagan muchos atropellos.° Los poderosos de esa comarca quisieran que mi pariente hiciera algo que les sirviera de pretexto para ir contra él. Dice mi pariente que le es muy penoso soportar los abusos que le hacen. Está dispuesto a arriesgar todo antes de seguir viviendo de ese modo. Te ruego, Patronio, que me digas lo que debo aconsejarle.

—Señor conde Lucanor —respondió Patronio—, me gustaría que supieras lo que le ocurrió una vez a una zorra que se tendió° en la calle y se hizo la muerta.°

El conde pidió que se lo contara.

—Señor conde Lucanor —dijo Patronio—, una zorra entró una noche en un corral donde había gallinas, y se comió tantas que ahí seguía cuando amaneció.° Las gentes ya andaban entonces por la calle. Cuando la zorra vio que ya no podía escapar, se fue ocultamente a la calle y se tendió como

---

comarca district **se tendió** lay down **amaneció** dawn came
atropellos abuses **se...muerta** played dead

Source note: Critics think that the source for this fable is the *Book of the Seven Sages of Rome*, which goes back to Arabic, Persian, and perhaps Indian literature. Don Juan Manuel's contemporary, Juan Ruiz, archpriest of Hita, told a similar story in his *Libro de buen amor*.

si hubiera muerto. Al verla, las gentes creyeron que estaba muerta. Pasó entonces un hombre que dijo que los pelos de la frente de la zorra, puestos en la frente de los niños, impiden el mal de ojo.[1] Dicho esto, con unas tijeras° cortó a la zorra los pelos de la frente. Otro hombre vino y dijo lo mismo de los pelos del lomo.° Otro aun hizo lo mismo con los pelos de la ijada,° y otros con los pelos de otras partes. De este modo acabaron por trasquilar° a la zorra. La zorra permaneció inmóvil durante todo esto, porque creía que perder el pelo no era el peor daño posible.

Después vino otro hombre quien le sacó una uña,° diciendo que era buena para los panadizos.[2] Al rato vino otro quien le sacó un colmillo,° diciendo que era bueno para el dolor de muelas.° La zorra no se movió ante esos grandes dolores.

Al cabo de un rato llegó uno que dijo que el corazón de zorra era bueno para el dolor del corazón, y sacó entonces un cuchillo para cortárselo. La zorra pensó que el corazón no le crecería de nuevo como el pelo trasquilado y que sin duda moriría. Entonces se levantó y escapó lo más rápido que pudo.

Tú, señor conde, aconseja a tu pariente que si no puede evitar los atropellos de los poderosos, debe soportar con paciencia esas ofensas, dando a entender que no le importan; sin embargo, si la ofensa es grave, debe arriesgar todo y no disimular,° porque es mejor perder lo de uno y morir con honra que vivir aguantando° ofensas y atropellos.

El conde pensó que éste era un buen consejo. Don Juan mandó escribir en este libro el cuento con estos versos:

> Disimula todo lo que puedas,
>
> Ataca sólo lo que a fuerzas° debas.[3]

---

tijeras scissors
lomo back
ijada side (*under the ribs*)
trasquilar shearing
uña claw
colmillo fang
dolor de muelas toothache
disimular overlook, ignore
aguantando enduring
a fuerzas you are forced to

[1] *mal de ojo:* "evil (bewitched) eye." People in the Middle Ages were extremely superstitious. This superstition existed side by side with fervent Christianity.

[2] *panadizos:* inflammation of the toes. Hygiene at this time was almost nonexistent. Many infections that do not exist today are described in medieval books.

[3] "Accept such ills as you can bear;
Repel the rest with utmost care."

Entonces se levantó y escapó lo más rápido que pudo.

Comprensión

A. Contesta las siguientes preguntas.
1. ¿Cuál es el problema del pariente del conde Lucanor?
2. ¿Qué hizo una noche la zorra?
3. ¿Por qué no podía escapar la zorra?
4. ¿Qué hizo luego?
5. ¿Por qué le sacó una uña? ¿Y un colmillo?
6. ¿Qué hizo la zorra?
7. ¿Qué hizo cuando un hombre le quiso sacar el corazón? ¿Por qué?
8. ¿Qué debe aconsejar el conde a su pariente? ¿Qué es mejor?

B. Pon en orden cronológico (1–9) los siguientes acontecimientos del cuento.

___ La zorra entra en la finca.
___ Un hombre le quita a la zorra los pelos de la frente.
___ El conde le explica a Patronio el problema que tiene.
___ Al oír que un hombre piensa sacarle el corazón, la zorra se asusta y huye.
___ La zorra se come muchas gallinas.
___ La zorra finge estar muerta.
___ La zorra se escapa del corral.
___ Un hombre le saca una uña a la zorra.
___ Un hombre le quita pelos del lomo a la zorra.

C. ¿Qué opinas?
1. ¿Qué te parece la moraleja del cuento? ¿Alguna vez has tenido una experiencia en la que la moraleja te ha servido de algo? Explica los detalles.
2. En todas partes se puede encontrar a las personas que les gusta intimidar o tiranizar a los demás. ¿Crees que las víctimas deben aguantar los abusos o crees que deben defenderse? Comparte tus opiniones con tus compañeros de clase.

Cuento IX

Antes de leer: *¿Crees que debes perdonar a un amigo que te ha hecho daño si éste se disculpa por el daño? ¿Crees que debes perdonar a un amigo que te hace daño repetidas veces? Explica tu punto de vista.*

A continuación vas a tener la oportunidad de pensar más en este tema.

Lo que le sucedió a un hombre que cazaba perdices

Hablaba otra vez el conde Lucanor a Patronio, su consejero:

—Patronio, algunas veces hay personas que me hacen daño intencionalmente, y después se disculpan.° Quiero saber qué hacer con estas personas.

—Señor conde Lucanor —respondió Patronio—, lo que te pasa se parece mucho a lo que le sucedió a un hombre que cazaba° perdices.°

El conde le rogó que se lo contara.

—Señor conde —dijo Patronio—, un hombre puso redes° a las perdices[1] y cuando cayeron fue a recogerlas. Él mataba a cada perdiz al sacarla de la red. Mientras hacía esto, el viento, que era fuerte, le daba en la cara y le hacía llorar. Una de las perdices que aún estaba viva en la red les dijo a las restantes:°

—Amigas, vean ustedes lo que hace este hombre. Aunque nos está matando, siente compasión por nosotras, y por eso llora.

---

se disculpan apologize   **perdices** partridges   **las restantes** the rest of
cazaba hunted   **redes** nets   them

Source note: This story appears in the *Fabulae*, a work by the Englishman Odo of Cheriton, and in the *Libro de los gatos* (ed., John E. Keller, 1958), which is the Spanish version of Odo's fables.

[1] *puso redes a las perdices:* "set up nets to catch partridges." In the Middle Ages, partridges were trapped with long nets. Firearms were invented several centuries later. Game birds were a staple of the medieval diet.

Otra perdiz, que por ser más sabia no había caído en la red, le contestó desde afuera:

—Amiga, mucho le agradezco a Dios porque me ha salvado de la red. Pido a Dios que me salve en el futuro, y a todas mis amigas también, de quien quiera matarme o hacerme daño, o de quien parece sentirlo.°

Señor conde Lucanor, debes protegerte siempre de la persona que te perjudica y dice que lo siente. A veces hay quienes perjudican involuntariamente. Si son tus amigos, les debes disimular si el perjuicio no se repite frecuentemente.

El conde consideró buen consejo el de Patronio. A don Juan le gustó este cuento y lo mandó poner en este libro con estos versos:

> Siempre te debes guardar
>
> De quien al hacerte mal muestra pesar.[2]

Comprensión

A. Contesta las siguientes preguntas.
1. ¿Cómo cazaba perdices el hombre?
2. ¿Qué hacía con cada perdiz?
3. ¿Por qué lloraba? ¿Lloraba de verdad?
4. ¿Qué dijo una perdiz a sus amigas?
5. ¿Qué contestó la perdiz más sabia?
6. ¿Qué debe hacer el conde?
7. ¿Cuál es la excepción? ¿Qué se debe hacer en ese caso?

B. ¿Qué opinas?
1. Si el hombre pudiera entender los comentarios de las perdices, ¿cómo crees que reaccionaría? ¿Dejaría de cazarlas? Explica tu respuesta.
2. ¿Crees que las personas que perjudican a sus amigos se dan cuenta de lo que hacen? Comenta el problema con tus compañeros.

---

parece sentirlo seems to be sorry

[2] "From one who hurts you 'gainst his will,
Guard yourself with utmost skill."

Cuento X

Antes de leer: ¿Qué piensas de las personas que, aunque aparentan ser buenos amigos, sólo se interesan en sí mismas y no en sus amigos? ¿Conoces a una persona que se comporta así?

A continuación vas a tener la oportunidad de pensar más en este tema.

Lo que le sucedió a un moro con su hermana quien era muy miedosa

Un día el conde Lucanor le dijo a Patronio, su consejero:

—Patronio, tengo un hermano mayor a quien obedezco y respeto. Él tiene fama de ser buen cristiano, pero Dios ha hecho que yo sea más rico y poderoso que él. Aunque mi hermano no lo dice, estoy seguro que me tiene envidia.° Cada vez que necesito su ayuda, él la niega.° Cada vez que él necesita mi ayuda, dice que debo arriesgar mi vida y mis bienes° por él. Esto ha ocurrido varias veces. ¿Qué debo hacer, Patronio?

—Señor conde Lucanor —dijo Patronio—, un moro[1] tenía una hermana quien era tan delicada que se asustaba° por todo lo que veía o le hacían. Le daba miedo hasta el sonido° de los jarros de los moros, en los que, al beber uno, suena° el agua. Decía ella que ese ruido le causaba desmayos.° El moro, su hermano, era muy buen muchacho, pero era pobre. Por esta pobreza se ganaba la vida de una manera poco honesta, aunque él no lo quería. Cuando alguien moría, él iba al cementerio muy de noche y robaba joyas° y cosas de valor. De esta manera él mantenía a su hermana, quien sabía esto.

---

me tiene envidia envies me
niega refuses
bienes estate, wordly goods
se asustaba was scared
sonido sound
suena makes a sound
desmayos fainting spells
joyas jewels

Source note: The narrative does not seem to illustrate the moral it purports to convey. The sources for this story are unknown. However, similar stories exist in the folklore of many cultures.

[1] The Moors invaded Spain in 711 and were finally expelled from Spanish territory in 1492.

Un día enterraron° a un hombre muy rico, con cosas de mucho valor. Al saberlo, la mora le dijo a su hermano que ella quería acompañarlo al cementerio aquella noche para ayudarle a desplumar° al hombre rico. Al caer la noche fueron al cementerio los dos. La mora, con gran destreza,° desplumó al muerto, aun mejor que su hermano.

Al día siguiente, al sentarse a la mesa, la mora bebió del jarro y al oír el ruido del agua, comenzó a desmayarse por el miedo que tenía. Cuando su hermano la vio y se acordó del valor y de la decisión con que la mora había robado al muerto, le dijo en árabe:

—Oh, hermana, te asustas el gluglú,° pero no te asustas de robar al muerto.

Sus palabras se han convertido en un proverbio que usan los moros.

Tú, señor conde Lucanor, comprende que si tu hermano se excusa de ayudarte y, por el contrario, cree que tú debes hacer todo lo que te pide, esto es lo mismo que lo que hacía la mora. Tú, conde, debes ayudarle si no te hace daño. Si te perjudica, discúlpate siempre muy cortésmente, pero no lo hagas de ninguna manera.

El conde consideró éste muy buen consejo, obró según él y le fue muy bien. Viendo don Juan que esta historia era muy buena, la hizo poner en este libro con estos versos:

> Si alguien no quiere lo que te conviene hacer,
>
> No te expongas por él lo tuyo a perder.[2]

Comprensión

A. Contesta las siguientes preguntas.
1. ¿Cuál es el problema del conde Lucanor?
2. ¿Cómo es la hermana del moro?
3. ¿Qué sonidos la asustaban? ¿Qué le pasaba?
4. ¿Cómo se ganaba la vida el moro?
5. ¿Cómo era el hombre a quien enterraron?

---

enterraron buried **desplumar** to strip (*of valuables*), rob **destreza** dexterity **gluglú** glug-glug

[2] "Be slow to heed the solemn plea / Of one who'll take no risk for thee."

6. ¿Qué quiso hacer la mora una noche?
7. ¿Cómo actuó ella esa noche?
8. ¿Qué hizo la mora al día siguiente?
9. ¿Qué le dijo su hermano entonces?
10. Según Patronio, ¿qué debe hacer el conde Lucanor?

B. Indica si las siguientes oraciones son ciertas (C) o falsas (F). Corrige la información falsa y cita las palabras o frases del cuento que apoyan la información.

1. El hermano mayor del conde haría cualquier cosa por él.
2. La hermana del moro es una hipócrita.
3. La hermana del moro le tiene miedo a todo.
4. El moro vivía una vida honrada.
5. Parece que a fin de cuentas la hermana del moro no es una persona miedosa.

C. ¿Qué opinas?

1. La persona más valiente del mundo puede sufrir de una fobia, es decir, un miedo exagerado, por ejemplo de las hormigas o de alturas. ¿Crees que la hermana del moro sufre de una fobia? ¿O crees que es hipócrita y sólo quiere aprovecharse de su hermano? Comparte tus opiniones con tus compañeros de clase.
2. Escribe tu propia moraleja para este cuento, ¡en rima, si quieres! Compara tu moraleja con las de tus compañeros de clase; luego, todos pueden escoger la moraleja más apropiada.

Cuento XI

Antes de leer: *Imagínate que tú y un buen amigo se pelearon y ya son enemigos. ¿Qué harías si tu viejo amigo viniera a hacer las paces contigo? ¿Lo aceptarías o sospecharías de sus motivos? Explica tu respuesta.*

A continuación vas a tener la oportunidad de pensar más en este tema.

Lo que les sucedió a los cuervos con los búhos

Un día le hablaba el conde Lucanor a Patronio de esta manera:

—Patronio, tengo un enemigo muy poderoso. Él tenía en su casa un pariente suyo a quien crió° e hizo mucho bien. Un día ellos se pelearon° y mi enemigo le ofendió mucho. Aunque el pariente le debía mucho a mi enemigo, quiso vengarse.° Por esto se vino a mí. Creo que esta situación me conviene. Por medio de éste, puedo saber los puntos vulnerables de mi enemigo. Por la confianza que te tengo, y por tu buen criterio, te ruego que me digas lo que debo hacer.

—Señor conde Lucanor —dijo Patronio—, los cuervos y los búhos° estaban en guerra entre sí. Los cuervos estaban perdiendo porque los búhos, que son nocturnos, atacaban por la noche a los cuervos y mataban o herían a muchos de ellos. Los búhos, de día, se ocultaban° en cuevas difíciles de encontrar. Un cuervo muy sabio habló con los cuervos que eran de su familia y les explicó su plan para vengarse. Así lo hicieron: le arrancaron° todas las plumas de su cuerpo, dejándole sólo unas cuantas en las alas. Volando maltrecho° y con dificultad, se fue el cuervo sabio donde los búhos y les dijo que los otros cuervos le habían maltratado así porque él les aconsejó que no lucharan° contra los búhos. Dijo el cuervo a los

---

crió raised
se pelearon quarreled with each other
vengarse to avenge himself
búhos owls
se ocultaban hid
arrancaron pulled out
maltrecho in bad shape
lucharan fight

Source note: The source of this story, according to critics, is the collection of tales called the *Libro de Calila e Dimna*. The oldest written version is found in Sanskrit, in a book titled *Panchatantra*. Its title there is "War Between the Crows and the Owls." Don Juan Manuel condensed the very long Spanish version of the story into a few pages.

búhos que si ellos querían, él estaba dispuesto° a enseñarles cómo vencer a los cuervos.

Cuando los búhos oyeron esto, se alegraron mucho y anticiparon su victoria. Por esto trataron muy bien al cuervo, y le confiaron sus secretos y resoluciones. Entre los búhos había uno que era muy viejo y muy sabio, y que había visto mucho. El búho sabio comprendió el engaño y advirtió al líder que el cuervo era un espía. No le creyeron ni el líder ni los otros búhos. Por esto, se separó de ellos y voló a una tierra muy lejana para estar seguro.° Los búhos se fiaron° del cuervo, y cuando le crecieron las plumas al cuervo, dijo éste que volaría y buscaría dónde se encontraban los cuervos para que los búhos pudieran matarlos a todos. Esto agradó a los búhos. Al llegar el cuervo donde sus hermanos, prepararon el ataque contra los búhos y fueron contra ellos de día, cuando no vuelan. Así mataron a tantos búhos que los cuervos quedaron vencedores.

Tú, señor conde Lucanor, bien sabes que este hombre es pariente de tu enemigo, y como tal, es enemigo tuyo. Puedes estar seguro de que vino a engañarte y a hacerte daño. Si él quiere servirte de lejos, sin que sepa nada de lo tuyo, entonces puedes fiarte de él.

Al conde le gustó mucho este buen consejo y obró según él y le fue muy bien. Don Juan vio que este cuento era bueno, y lo hizo poner en este libro con estos versos:

> A quien tu enemigo solía° ser,
>
> Nunca le debes en nada creer.*

Comprensión

A. Contesta las siguientes preguntas.
1. ¿Por qué quiere tener consigo el conde Lucanor a un pariente de un enemigo suyo?
2. ¿Quiénes estaban perdiendo la guerra? ¿Por qué?
3. ¿Qué hacían los búhos de día?

---

estaba dispuesto he was ready **seguro** safe **solía** used to
se fiaron trusted

* "Beware of trusting a former foe,
For sure as fate 'twill bring thee woe."

4. ¿Cuál era el plan del cuervo muy sabio?
5. ¿Cómo llegó el cuervo al escondite de los búhos? ¿Qué les dijo?
6. ¿Qué les prometió el cuervo?
7. ¿Qué hicieron entonces los búhos con el cuervo?
8. ¿Qué hizo el búho viejo y sabio? ¿Le creyeron?
9. ¿Qué pasó cuando le crecieron las plumas al cuervo?
10. ¿Qué hicieron los cuervos a los búhos?
11. ¿Cómo puede confiarse del pariente de su enemigo el conde Lucanor?

B. Pon en orden cronológico (1–8) los siguientes acontecimientos del cuento.

___ El cuervo inteligente voló a donde los búhos con dificultad.
___ Los cuervos lograron vencer a los búhos por traición.
___ El conde Lucanor le explica a Patronio el problema que tiene con su enemigo.
___ Un búho sospechó del cuervo "desnudo".
___ Los búhos atacaban a los cuervos por la noche.
___ Un día un cuervo pensó en un plan para vengarse de los búhos.
___ El cuervo "desnudo" les habló a los búhos para engañarlos.
___ Al sabio cuervo le arrancaron casi todas sus plumas.

C. ¿Qué opinas?

1. ¿No te parece posible que el pariente del enemigo del conde sea sincero y honrado? ¿O estás de acuerdo con Patronio? Explica tu respuesta.
2. Los cuervos le hacían caso al cuervo viejo y sabio, pero los búhos no le hacían caso al búho viejo y sabio. ¿Qué te indican estas actitudes en cuanto a la cultura de los cuervos y la de los búhos? Comparte tus ideas con tus compañeros de clase.

Cuento XII

Antes de leer: *¿Te fiarías de una persona que promete darte dinero con tal que tú le des dinero antes? ¿Has estado en esa situación alguna vez? Explica las circunstancias.*

A continuación vas a tener la oportunidad de pensar más en este tema.

Lo que le sucedió a un rey con un hombre que le dijo que sabía hacer oro

Un día hablaba el conde Lucanor con Patronio, su consejero, de esta manera:

—Patronio, un hombre me dice que puede darme mucho poder y mucha riqueza, pero me pide algún dinero. Promete darme diez doblas[1] por cada una que yo le dé. ¿Qué debo hacer, Patronio?

—Señor conde Lucanor —respondió Patronio—, para ilustrar este caso, debes saber lo que le sucedió a un rey con un hombre que dijo que sabía hacer oro.

—¿Cómo fue eso? —preguntó el conde.

—Señor conde Lucanor —dijo Patronio—, había un pícaro° muy pobre quien supo que un rey, que no era muy inteligente, se dedicaba a la alquimia°[2] con la esperanza de hacer oro. El pícaro entonces consiguió cien doblas y las redujo a polvo. Mezcló con el polvo de oro varios ingredientes e hizo con ello cien bolitas.° Cada bolita tenía el oro de una dobla. Se fue entonces el pícaro a la ciudad donde vivía el rey. Se vistió con ropas de persona importante y vendió las bolitas a un

---

pícaro rogue   **alquimia** alchemy   **bolitas** little balls

Source note: This story appeared in the *Libro del Caballero Cifar* (about 1300) and probably has Oriental origins. In all likelihood, Arabic sources were available to Don Juan Manuel.

[1] dobla: old Spanish gold coin worth twelve *reales*. There was also a Moorish coin called the *dobla zahen*, made of pure gold.

[2] Alchemy was a medieval chemical science and philosophy that, among other things, sought to convert base metals into gold.

especiero.° El especiero le preguntó para qué servían y qué substancia eran. El pícaro respondió que eran para hacer oro y otras cosas. Dijo que el nombre de la substancia era tabardíe.³

El pícaro pasó una temporada° en esta ciudad viviendo como persona recogida.° De cuando en cuando decía a alguna persona que él sabía hacer oro. Llegó la noticia al rey, quien mandó llamar al pícaro para verificar si sabía hacer oro. El pícaro lo negó° al principio, pero luego dijo que sí. Le dijo además el pícaro al rey que no debía decir palabra a nadie sobre este asunto.° Le dijo también que se lo probaría° y le enseñaría lo que había aprendido. El rey, convencido de lo que oía, le agradeció mucho. El pícaro entonces mandó traer las cosas que dijo que necesitaba, que eran muy comunes, excepto el tabardíe. Todo costó muy poco dinero. Fundieron° todas estas cosas delante del rey, y salió oro por valor de una dobla. El rey, al verlo, estuvo dichoso.° Le dijo al pícaro que hiciera más oro. El pícaro respondió:

—Señor, ya te mostré lo que sabía. De aquí en adelante, tú puedes hacerlo tan bien como yo. Sólo te advierto que si te falta uno de los ingredientes, no podrás hacer oro.

Dicho esto, se fue el pícaro a su casa. El rey duplicó° los ingredientes y sacó dos doblas de oro... luego sacó cuatro... y ocho... y dieciséis. Cuando vio que podía hacer todo el oro que quería, mandó preparar la mezcla para mil doblas. Todo encontraron, menos el tabardíe. Entonces el rey mandó buscar al pícaro. Le preguntó si sabía dónde había tabardíe. El pícaro dijo que sí. Entonces le dijo al rey que necesitaba una gran suma de dinero para traer una gran cantidad de tabardíe. Cuando el rey le dio el dinero, lo cogió el pícaro y se fue de allí para nunca más volver. Encontraron en la casa del pícaro un arca° que contenía un papel dirigido al rey que decía:

> "Puedes estar seguro de que no existe el tabardíe. Te he engañado. ¿Por qué no me preguntaste por qué no era rico yo?"

---

especiero spice merchant
temporada some time
recogida secluded
negó denied
asunto matter
probaría would prove
Fundieron They melted down
dichoso elated
duplicó doubled
arca chest

³ *tabardíe:* The *pícaro* seems to have made up this word. Note that the *especiero* had no idea of what *tabardíe* was. *Tabardíe* may, in fact, be a play on the word *tabaxir* (in Arabic, *tabashir*). *Tabaxir* is an opal-like secretion that forms in the joints of bamboo.

El rey desde ese momento figuró° entre los tontos del reino. Dijo una vez que si el pícaro regresaba, ya no estaría el rey entre los tontos del reino. Le dijeron que eso era verdad. En ese caso le quitarían al rey de la lista de los tontos, y le pondrían en su lugar al pícaro.

Tú, conde Lucanor, si no quieres que te tengan por tonto, no arriesgues mucho dinero en cosas inciertas.

Al conde le agradó este consejo, lo puso en práctica y le fue muy bien. Don Juan vio que este cuento era bueno, y lo hizo poner en este libro con estos versos:

> No arriesgues nunca tu riqueza
>
> Por consejo del que vive en pobreza.[4]

Comprensión

A. Contesta las siguientes preguntas.
1. ¿Qué promete darle al conde Lucanor un hombre?
2. ¿Qué quiere el hombre primero?
3. ¿Qué supo un pícaro?
4. ¿Cómo era el rey?
5. ¿Qué hizo el pícaro entonces?
6. ¿Qué noticia llegó al rey?
7. ¿Cómo reaccionó el pícaro? ¿Por qué?
8. ¿Qué debía hacer el rey? ¿Por qué?
9. ¿Cómo el pícaro demostró lo que sabía al rey?
10. ¿Qué hizo luego el rey?
11. Cuando el rey quiso hacer mil doblas, ¿qué le hacía falta? ¿Por qué?
12. ¿Qué le dio entonces el rey al pícaro?
13. ¿Qué hizo el pícaro?
14. ¿Qué decía el papel en el arca?

---

figuró was included

[4] "Risking wealth is badly done
Advised by one possessed of none."

B. Indica si las siguientes oraciones son ciertas (C) o falsas (F). Corrige la información falsa y cita las palabras o frases del cuento que apoyan la información.
1. Alguien está tratando de engañar al conde Lucanor.
2. Un pícaro quiso ayudar a un rey a enriquecerse.
3. El pícaro inventó una manera de hacer oro.
4. Los ingredientes que usaba el pícaro no costaban mucho, con la excepción del tabardíe.
5. El rey era un hombre generoso, pues todo el oro que hacía se lo repartía entre sus súbditos.
6. Al conde no le agradaron los consejos de Patronio.

C. ¿Qué opinas?
1. ¿Qué te parece la moraleja del cuento? Explica tu respuesta.
2. Compara este cuento con una película, programa de televisión, novela u otro cuento que tenga el mismo tema y un argumento similar. Luego, comparte tus ideas con tus compañeros de clase.
3. ¿Crees que la codicia es un gran defecto? En tu opinión, ¿hay otros peores? ¿Cuáles son? Comenta tus opiniones con tus compañeros de clase.

Cuento XIII

Antes de leer: *¿Eres capaz de percibir cuando una persona te dice una mentira o crees todo lo que la gente te dice sin sospechar? Explica tu respuesta.*

A continuación vas a tener la oportunidad de pensar más en este tema.

Lo que sucedió al árbol de la Mentira

Otro día le hablaba el conde Lucanor a Patronio, su consejero, de la siguiente manera:

—Patronio, estoy muy disgustado con unas personas que no se portan bien conmigo. Son mentirosos° e intrigantes.° Nunca dicen la verdad a nadie. Sus mentiras, que siempre tienen color de verdad, les son muy beneficiosas y a mí me causan mucho daño. Ellos aumentan su poder y mueven a mucha gente contra mí. Yo podría mentir como ellos, pero sé que la mentira es mala y no quiero hacerlo. Patronio, te ruego que me digas cómo debo portarme con esos granujas.°

—Señor conde Lucanor —respondió Patronio—, la Mentira y la Verdad se juntaron una vez y la Mentira dijo a la Verdad que deberían plantar un árbol para poder gozar de sus frutos y de su sombra. La Verdad aprobó el proyecto.

Cuando el árbol estuvo plantado y comenzó a crecer, la Mentira dijo a la Verdad que lo mejor sería repartírselo.° La Verdad consintió. La Mentira probó con muchas falsas razones que la raíz° era la mejor parte. Por esto, aconsejó a la Verdad que eligiera las raíces. La Mentira eligió las ramas°que no habían salido aún. Dijo que por estar encima de la tierra, podían ser cortadas por los hombres, o roídas° por los animales, o estropeadas° por los

---

mentirosos liars	**repartírselo** to divide it	**ramas** branches
intrigantes schemers	between them	**roídas** gnawed
granujas rogues	**raíz** root	**estropeadas** trampled

Source note: Critics have not found a source for this story. Truth and Falsehood appear as protagonists, however, in the *Libro de los gatos* (ed., John E. Keller, 1958), a version in Spanish of a collection of fables compiled by the Englishman Odo of Cheriton.

pájaros, o quemadas por el Sol o heladas por el frío. Dijo que estos peligros no afectaban a las raíces. Al oír la Verdad estas razones, creyó que era cierto lo que decía la Mentira. Eligió entonces la raíz y se metió bajo tierra.° La Mentira se puso muy contenta al ver su engaño con tan buenas mentiras. La Mentira se quedó entonces sobre la tierra, junto con los hombres. El árbol creció con grandes ramas, hojas anchas y flores hermosas. La gente gozaba tanto de su sombra y de sus flores que no quería moverse de allí. La Mentira, quien sabe mucho, les hacía pasar muy buenos ratos° a los que se juntaban allí. De esta manera les enseñaba su arte: mentiras sencillas, mentiras dobles y aun mentiras triples a los más sabios. Los alumnos de la Mentira habían aprendido tanto que obtenían casi todo lo que necesitaban. Por esto la Mentira era muy bien considerada por todas las gentes.

La Mentira gozaba de mucha popularidad. La pobre Verdad estaba bajo tierra sin que nadie supiera de ella. Viendo la Verdad que no tenía alimento,° comenzó a roer las raíces del árbol. Cuando se las comió todas, vino un viento que sopló con tanta fuerza que tumbó al árbol. Cuando salió de la tierra, la Verdad vio que la Mentira y sus seguidores estaban magullados° y atrapados bajo el árbol. Los seguidores de la Mentira estaban arrepentidos de haber practicado lo que ésta les había enseñado.

Tú, señor conde, mira que la Mentira tiene hermosas ramas y flores, que son sus dichos° y pensamientos. Empero, son como el humo° y no dan buenos frutos. Tus contrarios° usan mentiras y engaños. Tú debes evitarlos porque puedes estar seguro de que tendrán mal fin. Caerán cuando se consideren más seguros. Abraza a la Verdad, pues con ella vivirás feliz.

Al conde le agradó mucho este consejo, lo puso en práctica y le salió todo muy bien.

Viendo don Juan que el cuento era muy bueno, lo hizo poner en este libro con estos versos:

>Acaba mal el que sabe mentir;
>
>Por eso del mentiroso debes huir.*

---

se...tierra went underground
ratos times
alimento food
magullados mangled
dichos sayings
humo smoke
contrarios opponents, antagonists

* "Adhere to truth, from falsehood fly; For evil follows all who lie."

Comprensión

A. Contesta las siguientes preguntas.
1. ¿Cómo son las personas que no se portan bien con el conde Lucanor?
2. ¿Qué decidieron la Mentira y la Verdad?
3. ¿De qué convenció la Mentira a la Verdad? ¿Qué eligió para sí misma? ¿Por qué?
4. ¿Qué sucedió entonces?
5. ¿Qué enseñaba la Mentira a los que se juntaban allí? ¿Tenía éxito?
6. ¿Qué le pasó a la pobre Verdad?
7. ¿Qué vio cuando salió de la tierra?
8. ¿Cómo se sentían los seguidores de la Mentira?
9. ¿Cómo caracteriza Patronio a la Mentira?
10. ¿Qué debe hacer el conde Lucanor con la Verdad?

B. Pon en orden cronológico (1–9) los siguientes acontecimientos del cuento.

__ Los estudiantes de la Mentira se arrepintieron.
__ La Mentira y la Verdad decidieron plantar un árbol.
__ El árbol se cayó.
__ La Verdad escogió las raíces del árbol, y la Mentira escogió las ramas.
__ La Verdad se comía las raíces del árbol porque tenía hambre.
__ El árbol comenzó a crecer.
__ La Verdad descendió bajo tierra.
__ Mucha gente se reunía debajo del árbol para gozarlo.
__ El árbol produjo hojas y flores bonitas.

C. ¿Qué opinas?
1. Explica con tus propias palabras cuál es la moraleja del cuento. ¿Estás de acuerdo con ella? ¿Por qué?
2. En tu opinión, ¿qué simboliza el árbol? Comparte tus ideas con tus compañeros de clase.

Cuento XIV

Antes de leer: *¿Conoces el cuento "El emperador y su ropa nueva"? ¿Cuál es la moraleja del cuento?*

A continuación vas a leer una versión del cuento, ¡en español!

Lo que le sucedió a un rey con los tres pícaros que hacían tela

Una vez, el conde Lucanor le dijo a Patronio, su consejero:

—Patronio, un hombre me hace una propuesta muy importante, pero me pide que la guarde en secreto. Si se lo digo a alguien, me asegura ese hombre que mis propiedades y hasta mi vida estarán en peligro. ¿Qué piensas de esto, Patronio?

—Señor conde Lucanor —respondió Patronio—, tres pícaros fueron donde un rey moro y le dijeron que sabían hacer telas muy hermosas. Pero lo especial de las telas era que sólo podían ser vistas por los hijos de sus padres. Los que no eran hijos de sus padres no podían verlas. Al rey le agradó mucho esto porque sabría quiénes no eran hijos de sus padres y podría entonces apoderarse de° la fortuna de éstos. Los moros no heredan si no son verdaderamente hijos de sus padres.[1] En tal caso, toda la herencia° iría al rey. El rey dio a los tres pícaros un salón en el palacio para que hicieran su tela.

Los tres pícaros, para mostrar que no había engaño, pidieron al rey que les encerrara° en el salón. Esto le agradó mucho al rey. Les encerró en el salón con mucho oro, seda y dinero que necesitaban para hacer la tela.

Pocos días después, los tres pícaros instalaron un taller,° y hacían como si° pasaran todo el tiempo tejiendo.° A los pocos días un pícaro

---

apoderarse de take possession of
herencia inheritance
les encerrara lock them up
taller workshop
como si as though, as if
tejiendo weaving

[1] Very strict laws of the Islamic faith governed inheritance, legitimacy, and the rights of the first-born son. Today, many kingdoms in the Middle East maintain the same ancient laws. This *cuento* satirizes, among other things, the concern over being illegitimate, or born out of wedlock.

fue a pedirle al rey que viera la hermosa tela que salía. Le preguntó qué diseños° quería. Debía, sin embargo, ir a ver la tela solo. Al rey le pareció muy bien todo ello.

Con cierta duda, el rey mandó primero a un vasallo suyo para que la viera. Cuando el vasallo habló con los pícaros y oyó contar las propiedades maravillosas de la tela, no se atrevió° a decirle la verdad al rey. Después mandó el rey a otro vasallo, quien aseguró haber visto la tela. Finalmente el rey mismo fue a verla. Cuando entró en el salón, vio a los tres pícaros que se movían como si tejieran. Le dijeron ellos:

—¿Ve esa labor?... ¡Mire este diseño!... ¡Mire la variedad de colores!

El rey no vio nada y creyó que se moría. Pensó que no era hijo de su padre y que por eso perdería su reino. Inmediatamente comenzó a alabar la belleza de la tela.

El rey volvió a su cámara y describió a los cortesanos° la belleza de la tela. Después de unos días, mandó a un ministro para que viera la tela. De la misma manera le describió la excelencia de la tela. Fue entonces el ministro y les oyó decir a los pícaros que le gustaba mucho la tela al rey. Pensó entonces el ministro que no era hijo de su padre y comenzó a alabar la tela. Volvió donde el rey y ponderó mucho la belleza de dicha tela. El rey se confirmó en su desdicha.° Ya no dudaba el rey que no era hijo de su padre.

Al día siguiente mandó el rey a otro ministro y sucedió lo mismo. ¿Qué más te diré, conde Lucanor? De esta manera fueron engañados el rey y todos los habitantes de ese reino. Nadie se atrevió a decir nada. Llegó entonces la mayor fiesta del año, y los súbditos° pidieron a su rey que se hiciera un vestido especial para esa fiesta con aquella bella tela. Los tres pícaros le tomaron las medidas° e hicieron como si cortaran y cosieran la tela. El día de la fiesta, los tres pícaros le ayudaron a vestirse al rey, alisando° los pliegues.° De este modo creyó el rey que estaba vestido. Vestido así, es decir, desnudo,° montó a caballo y se paseó por toda la ciudad. Toda la gente que lo miraba no decía nada por temor de quedarse deshonrada. Todo el mundo creía que era su secreto personal, hasta que un palafrenero,[2] que no tenía honra por la cual preocuparse, le dijo al rey:

diseños designs
no se atrevió he did not dare
cortesanos courtiers
desdicha misfortune
súbditos vassals, subjects
le...medidas took his measurements
alisando smoothing out
pliegues folds (*of a garment*)
desnudo naked

[2] *palafrenero:* a groom or servant who leads the horse of his master by the reins.

Vestido así, es decir, desnudo, montó a caballo y se paseó por toda la ciudad.

—¡O soy ciego, o va desnudo!

El rey lo insultó, diciendo que no era hijo de su padre. Otro oyó al palafrenero y dijo lo mismo... y otro... y otro más, hasta que el rey y todos los demás perdieron el miedo de decir la verdad y entendieron el engaño de los tres pícaros. Cuando los fueron a buscar, ya habían puesto los pies en polvorosa,° con todo el oro, la plata, la seda y el dinero que les había dado el rey.

Tú, conde Lucanor, puedes estar seguro de que ese hombre que pide que ocultes lo que él te dice, te quiere engañar.

Al conde le gustó mucho este consejo y obró según él, y le fue muy bien. Don Juan vio que este cuento era bueno, y lo hizo poner en este libro con estos versos:

> Guárdate de quien te aconseja
>
> Ocultar secretos a tus amigos.³

Comprensión

A. Contesta las siguientes preguntas.
1. ¿Cuál es el problema del conde Lucanor?
2. ¿Qué era lo especial de las telas?
3. ¿Por qué le agradó esto al rey?
4. ¿Qué les dio el rey a los tres pícaros? ¿Para qué?
5. ¿Qué hacían los tres pícaros?
6. A los pocos días, ¿qué le pidió un pícaro al rey? ¿Cómo debía ir?
7. ¿A quién mandó ver la tela primero el rey? ¿Por qué?
8. ¿Por qué no se atrevió decirle la verdad al rey?
9. ¿Qué vio el rey cuando fue a ver la tela?
10. ¿Qué creyó el rey? ¿Por qué?
11. ¿Qué hizo luego el rey?
12. ¿Qué le pidieron los súbditos al rey para la mayor fiesta del año?
13. ¿Qué hicieron los tres pícaros?

---

habían...polvorosa had left quickly

³ "Who counsels thee to secrecy with friends
Seeks to entrap thee for his own base ends."

14. ¿Cómo se vistió ese día el rey?
15. ¿Por qué no decía nada la gente?
16. ¿Qué dijo un palafrenero?

B. Indica si las siguientes oraciones son ciertas (C) o falsas (F). Corrige la información falsa y cita las palabras o frases del cuento que apoyan la información.
   1. Las telas que producían los pícaros eran muy hermosas.
   2. Según una ley islámica, los hijos ilegítimos tienen tantos derechos como los legítimos.
   3. Los pícaros sólo necesitaban seda para hacer sus telas especiales.
   4. El rey fue a ver las telas acompañado de tres vasallos y un ministro.
   5. Todos los que fueron a ver las telas no vieron nada.
   6. Al rey le dio miedo pensar que no era hijo de su padre.
   7. En la fiesta todos se admiraron del fabuloso traje del rey.
   8. Los pícaros fueron encarcelados por engañar al rey.

C. ¿Qué opinas?
   1. Con tus propias palabras, explica cuál es la moraleja del cuento.
   2. ¿En qué se parece este cuento a la versión conocida en inglés? ¿En qué se diferencia? Comparte tus ideas con tus compañeros de clase.
   3. Piensa en ejemplos de "pícaros" de la actualidad que tratan de vender productos o promover servicios, basándose en los temores de las personas. ¿Qué te indican estos ejemplos sobre los seres humanos? Discute el tema con tus compañeros de clase.

Cuento XV

Antes de leer: ¿Has tenido —o tienes— amigos que no te hacen los favores que les pides aunque siempre les ayudas a ellos cuando te lo piden? ¿Qué piensas de eso?

A continuación vas a tener la oportunidad de pensar más en este tema.

Lo que le sucedió a un deán de Santiago con don Illán, el mago de Toledo

Otro día, el conde Lucanor le contaba a Patronio, su consejero, un caso:

—Patronio, un hombre me pidió que con mi influencia le favoreciera en un asunto. En cambio prometió ayudarme en todo lo que necesitara. Yo le ayudé cuanto pude y le pedí algo que me convenía mucho. Él se negó.° Después le pedí otra cosa y él se negó nuevamente. El asunto en que favorecía al hombre no está concluido y no lo concluirá sin mi ayuda. ¿Qué debo hacer, Patronio?

—Señor conde —respondió Patronio—, para clarificar tu problema, conviene que sepas lo que le pasó a un deán° de Santiago[1] con don Illán, el mago° de Toledo.[2]

Entonces, el conde le preguntó qué le había pasado.

—Señor conde Lucanor —dijo Patronio—, había un deán de Santiago quien quería aprender la magia. Fue a estudiarla donde don Illán de Toledo, el mejor mago de ese tiempo. El deán encontró a don Illán

---

se negó refused **deán** dean (head of a church or district) **mago** magician

[1] *Santiago*: Santiago de Compostela is a city in the northwestern corner of Spain in the autonomous region of Galicia. During the Middle Ages, Santiago de Compostela and Jerusalem were the two most important centers of Christian pilgrimage. It is thought that the remains of Saint James the Apostle (*San Iago*) are buried in the Cathedral there. For Islam, the most important center of pilgrimage was, and is, Mecca, in Saudi Arabia. Mecca was the birthplace of Mohammed and, hence, a holy city.

[2] Toledo is a city in central Spain, about 30 miles south-southwest of Madrid. The Spanish Court resided there until 1560. Today it is a beautiful medieval city-museum.

leyendo en un salón muy apartado.° Cuando don Illán vio al deán, lo recibió cortésmente y le pidió que no le explicara la razón de su visita sino hasta después del almuerzo. Don Illán lo alojó° en su casa[3] y le dijo al deán que se alegraba mucho tenerlo de huésped.°

Después de almorzar, le contó el deán el motivo de su visita. Le dijo a don Illán que quería aprender la magia a fondo.° Don Illán contestó que el deán era de posición muy importante en la iglesia, y que sería en el futuro obispo,° arzobispo° y aun papa.° Dijo además que los hombres que alcanzan grandes puestos, después de realizar° lo que quieren, olvidan a los que les ayudaron.

—Por esa razón —dijo don Illán—, temo enseñarte la magia. Temo que no me agradezcas ni hagas lo que prometes.

El deán entonces le aseguró que aunque fuera obispo, arzobispo, cardenal o hasta papa, haría lo que don Illán lo mandara.

Hablaron de esto desde la hora del almuerzo hasta la hora de cenar. Cogiendo° don Illán de la mano al deán, lo llevó a otra sala. Llamó entonces a una sirvienta y le mandó que preparara unas perdices para la cena, pero que no las asara° hasta que don Illán lo mandara.

Dicho esto, don Illán llevó al deán por una escalera de piedra, hasta muy abajo. Tal vez estaban debajo del río Tajo.[4] Entonces don Illán le hizo entrar al deán en un laboratorio con muchos libros. Ése sería la sala de clase.

En cuanto se sentaron, entraron dos hombres con cartas y anunciaron que el tío del deán, el arzobispo de Santiago, moría. Quería el arzobispo que fuera el deán a Santiago para verlo. El deán se disgustó mucho porque tenía que dejar sus estudios con don Illán. Optó por no dejarlos y le mandó una carta al arzobispo contestando la suya. A los cuatro días llegaron otros hombres de Santiago con cartas que anunciaban la muerte del arzobispo. También le dijeron que el deán sería elegido arzobispo en el lugar de su tío.

---

apartado remote, out-of-the-way
lo alojó lodged him
huésped guest
a fondo in depth, perfectly
obispo bishop
arzobispo archbishop
papa Pope
realizar accomplishing
Cogiendo Taking
asara roast

[3] The house of Don Illán is believed to have been located near the garden gate of El Greco's house in Toledo. Don Illán's family had lived in the town since the twelfth century.

[4] *río Tajo:* Tagus river. The *Tajo*, one of five main rivers that flow through Spain, originates in the east-central region, passes through Toledo, and empties into the Atlantic at Lisbon, Portugal.

Al cabo de ocho días llegaron a Toledo dos escuderos° y le besaron la mano al deán.⁵ Le informaron que había sido elegido arzobispo de Santiago. Don Illán felicitó entonces al nuevo arzobispo, y le pidió que le diera el puesto vacante del deán para un hijo suyo. El arzobispo dijo que lo sentía mucho, pero haría deán a un hermano suyo. Le prometió entonces otro buen cargo° para su hijo, como compensación. Le pidió que lo acompañara a Santiago con su hijo. Fueron los tres a Santiago. Allí llegaron cartas del papa en las que le nombraba obispo de Tolosa⁶ al arzobispo. También le concedía° la gracia de nombrar arzobispo de Santiago a quien quisiera. Don Illán le pidió entonces que le nombrara a su hijo, recordándole las promesas que le había hecho antes. El nuevo obispo de Tolosa dijo que lo sentía mucho, pero que nombraría arzobispo a un tío suyo, hermano de su padre. Don Illán pidió entonces que prometiera recompensarlo más adelante. El obispo prometió que así lo haría. También pidió a don Illán y a su hijo que fueran con él a Tolosa.

Dos años después, llegaron emisarios° del papa y le informaron al obispo que había sido hecho cardenal y que podía nombrar obispo de Tolosa a quien quisiera. Entonces don Illán le dijo que muchas veces había dejado sin cumplir sus promesas. Éste era el momento de dar a su hijo el obispado de Tolosa. El cardenal respondió que el obispado era para un tío, hermano de su madre, y le rogó que le disculpara.° Le prometió que en Roma le favorecería. Don Illán se lamentó mucho, pero fue a Roma con el cardenal.

Vivieron mucho tiempo en Roma. Don Illán rogaba cada día al cardenal que ayudara a su hijo. El cardenal se excusaba siempre.

Murió el papa, y los otros cardenales eligieron al cardenal como papa. Don Illán se presentó ante el nuevo papa y le dijo que ahora no había ningún pretexto para que no le favoreciera a su hijo. El papa le dijo a don Illán que no le insistiera tanto y que ya habría ocasión de favorecerle. Don Illán se lamentó mucho, recordándole al papa las promesas que le había hecho y no había cumplido. Dijo también que temió esto la primera vez que lo vio en Toledo. Dijo que había llegado a tan alto cargo y no cumplía lo prometido. Dijo además don Illán que no tenía ya nada

---

escuderos squires
cargo job, appointment
concedía granted
emisarios representatives
disculpara forgive

⁵ *…le besaron la mano al deán:* ". . . they kissed the hand of the dean." Kissing the hand of prelates and aristocrats was a sign of respect.

⁶ *Tolosa:* Toulouse, a city in southern France. It was a Christian center of pilgrimage during the Middle Ages.

que esperar del papa. El papa se molestó mucho y amenazó° meterle en la cárcel° porque lo estaba molestando y sabía que don Illán era hereje° y encantador° y que en Toledo vivía del dinero que ganaba enseñando la nigromancia.[7]

Cuando don Illán vio el pago que le daba el papa, se despidió de él. El papa ni siquiera le dio comida para el camino. En ese momento don Illán le dijo al papa que tenía que volver con él a Toledo a comer las perdices que ordenó que preparara la sirvienta. La llamó entonces, y mandó que asara las perdices. Al decir esto, repentinamente° se halló° el papa en Toledo y como deán de Santiago, como lo era cuando llegó donde don Illán. El deán de Santiago sintió tanta vergüenza° de lo que había pasado que no supo qué decir. Don Illán le dijo que se fuera en paz porque ya sabía lo que se podía esperar de él, y que le parecía un gasto inútil invitarle a comer esas perdices.

Tú, señor conde Lucanor, no ayudes a la persona que le dará el mismo pago que dio el deán a don Illán.

El conde vio que este consejo era muy bueno y así lo hizo y salió muy bien. A don Juan Manuel le gustó mucho este cuento. Por eso lo puso en este libro con estos versos:

> Quien tu ayuda no agradece,
>
> Menos ayuda te dará mientras más crece.[8]

Comprensión

A. Contesta las siguientes preguntas.
1. ¿Qué quería el deán de Santiago?
2. ¿Quién era don Illán?
3. ¿Qué le pidió don Illán al deán?
4. ¿Qué dijo don Illán al saber lo que quería el deán?

---

amenazó threatened
cárcel jail, prison
hereje heretic
encantador sorcerer
repentinamente suddenly
se halló found himself
vergüenza shame

[7] *nigromancia:* necromancy, black magic. Practitioners of this occult art claimed to foretell the future by communicating with the dead.

[8] "If one you help is thankless now,
He'll later keep no solemn vow."

5. ¿Qué le aseguró el deán a don Illán?
6. ¿Qué anunciaron los que llegaron?
7. ¿Qué hizo el deán?
8. ¿Qué anunciaron los que llegaron a los cuatro días?
9. ¿Qué le informaron al deán los dos escuderos?
10. ¿Qué decían las cartas que llegaron a Santiago?
11. ¿Qué pidió don Illán? ¿Qué respondió el nuevo obispo?
12. ¿Qué pasó dos años después? ¿Qué dijo don Illán al cardenal? ¿Cómo respondió el cardenal?
13. ¿Qué le pidió don Illán al nuevo papa? ¿Cómo respondió éste?
14. ¿Qué amenazó el papa? ¿Por qué?
15. ¿Por qué tenía que volver a Toledo don Illán?
16. ¿Cómo concluye el cuento?

B. ¿Qué opinas?

1. En la actualidad, existen personas que se portan como se portaba el deán de Santiago. ¿Qué te indica esto sobre cómo son los seres humanos? Discute el tema con tus compañeros de clase.
2. ¿Cuál es la moraleja del cuento? ¿Estás de acuerdo? Explica tu respuesta.
3. ¿Crees que en realidad el deán llegó a ser papa? ¿O crees que fue una fantasía producida por magia de don Illán para averiguar si el deán cumpliría su promesa? Explica tu respuesta.
4. Si tú fueras editor(a) de una nueva edición de esta colección de cuentos y tuvieras que escoger sólo diez cuentos, ¿cuáles escogerías? ¿Por qué? Compara tus selecciones con las de tus compañeros de clase.

Vocabulario

The Spanish-English *Vocabulario* presented here represents the vocabulary as it is used in the context of this book.

Nouns are given in their singular form followed by their definite article only if they do not end in -o or -a. Adjectives are presented in their masculine singular form followed by -a. Verbs are given in their infinitive form followed by the reflexive pronoun -se if it is required; by the stem change (ie), (ue), (i), (u); or by the orthographic change (c), (gu), (qu). Another common pattern among certain verbs is the irregular yo form; these verbs are indicated as follows: (g), (j), (y), (zc). Finally, verbs that are irregular in several tenses are designated as (IR).

A
a:
   a cuestas on one's shoulders
   a fondo in depth, perfectly
   a fuerzas by force
   al principio at/in the beginning
   a su gusto to his/her liking
   a veces at times, sometimes
abertura opening
abrazar (c) to embrace
acabar to finish
   acabar por + *infinitive* to end up (*doing something*)
acaso by chance
aconsejar to advise
acordarse (ue) to remember
acostumbrado, -a usual, customary
adelante onward, in front
además besides
admirarse (de) to marvel (at)
advertir (ie) (i) to advise, inform; to warn

afán, el desire; zeal
aflicción, la affliction; (*fig.*) problem
afuera outside
agradable pleasant, agreeable
agradar to please
agradecer (zc) to thank, be thankful
agricultor, el farmer
aguantar to endure
ahogarse (gu) to drown
ala, el (*f.*) wing
alabar to flatter, praise
alcanzar (c) to reach, achieve
alegrarse (de) to rejoice; to be happy (about)
alegría happiness, joy
algo something
alguien someone
alguna vez some time; ever
alimento food
alisar to smooth out
alma, el (*f.*) soul
almuerzo lunch

alojar to lodge, house
alquimia alchemy
altramuces, los bitter lentils
amanecer (zc) to dawn
amanecer, el dawn
amargo, -a bitter
ambos both
amenazar (c) to threaten
ancho, -a wide
ante before, in front of
aparentar + *infinitive* to pretend (*to be or do something*)
apartado, -a remote, out-of-the-way
apoderarse (de) to take possession (of)
apreciar to value, esteem
apremiar to press
apropiado, -a suitable, appropriate
aprovechar(se) (de) to profit (from); to take advantage (of)
arca, el (*f.*) chest, coffer
arzobispo archbishop
arrancar (qu) to pull out, pluck
arrastrar to take along
arrepentido, -a sorry, repentant
arrepentirse (ie) (i) to regret, repent
arriesgar(se) (gu) to risk (oneself)
asar to roast
asegurar to assure
asimismo likewise, in the same manner
asno donkey, ass
asunto matter
asustarse to be scared
atenerse (IR) (a) to adhere (to)
atreverse (a) to dare (to)
atribuir (y) to attribute to, ascribe
atropello abuse
aumentar to increase
aun even
aún still, yet
aunque although

ave, el (*f.*) bird
aventurar to risk
ayuda help, assistance
ayudar to help, aid
azar, el chance

B

bajar to go down
bajo tierra underground
belleza beauty
bendecir (IR) to bless
bendito, -a blessed
beneficio benefit
besar to kiss
bien, el good; (*pl.*) estate, worldly goods, property
bolita little ball
búho owl
buscar (qu) to look for, seek

C

cabalgar (gu) to ride (*donkey, horse*)
caballo horse
caer (IR) to fall; to drop down
  caerse to fall down
calumniar to slander
cámara chamber
cambiar to exchange; to change
caminar to walk
camino road; way
cansado, -a tired
cantar to sing
capaz capable, able
cárcel, la jail, prison
cardenal, el cardinal (*Catholic*)
carga load, burden
cargado, -a de with a load
cargar (gu) to carry
cargo appointment, post, job
cariño affection
carta letter
casar to marry off
  casarse (con) to get married (to)

cáscara pod, shell
castellano Spanish language, Castilian
cazar (c) to hunt
cena dinner
cerca (de) near
certeza certainty
ciego, -a blind
cirujano surgeon
cobrar to collect
codicia greed
coger (j) to grab; to pick up
   coger de la mano to take by the hand
colmillo fang (*of an animal*)
comarca district, region
comenzar (ie) (c) to begin
como as, like
   como si as though, as if
cómodo, -a comfortable
compras purchases
comprender to understand
con tal de que provided that
conceder to grant
conde, el count (*aristocracy*)
confianza trust
confiar(se) (de *or* en) to trust (in)
confirmar to confirm, convince
conmover (ue) to move, stir (*emotionally*)
conseguir (i) to obtain, acquire
consejero advisor (*male*)
consejo advice, counsel
consentir (ie) (i) to agree, consent
consigo with it; with him
consolarse (ue) to console oneself
consuelo consolation, comfort
contar (ue) to tell; to count
contrariedad, la setback, disappointment
contrario opponent, antagonist
convencer (z) to convince
conveniente suitable, advantageous

convenir (IR) to suit, be advantageous
corazón, el heart
corral, el farmyard; chicken coop
cortar to cut, cut out
corte, la court, nobles living in the royal palace
cortés courteous, polite
cortesano courtier; person of the royal palace
costado side (*of the body*)
crecer (zc) to grow
criar to raise, rear
crimen, el crime
criterio judgment
criticar (qu) to criticize
cruzar (c) to cross; to ford
cualquier any
cuchillo knife
cuento tale, story
cuerpo body
cuervo crow
cueva cave
cuidar to care for, tend to
cuidarse to be careful
culpar to blame
cumplir to keep (*a promise, one's word*); to fulfill, comply
curarse to become well, be cured

D

daño harm, damage, injury
dar (IR) to give
   dar a entender to lead (*one*) to believe, make (*one*) think
   dar en to hit
   darse cuenta (de) to realize
de:
   de aquí en adelante from this point on
   de cuando en cuando from time to time
   de nuevo again

deán, el dean *(head of a church or district)*
deber to owe; to ought, should
dejar to leave; to let, allow
  dejar esta vida to die
deleitarse con to delight in, take delight in
delicado, -a delicate, feeble
desdicha misfortune, misery
desgracia accident, misfortune
deshonrado, -a dishonored
desmayar(se) to faint
desmayo fainting spell
desnudo, -a naked
despedirse (i) (de) to bid farewell (to), say good-bye (to)
desplumar to pluck; *(fig.)* to steal *(by removing items from a victim)*
destreza dexterity, skill
detrás (de) behind, in back (of)
deudor, el debtor *(one who owes something)*
día de feria, el holiday; market day
dicha happiness
  por dicha by good fortune
dicho saying
dichoso, -a fortunate; elated
dilema, el unpleasant choice, dilemma
dinero money
Dios God
disculpa excuse
disculpar to excuse, forgive
  disculparse to apologize
diseño design
disimular to overlook
disponer (IR) to dispose, arrange
dispuesto, -a arranged, deemed; ready
dobla old Spanish coin
doler (ue) to hurt
dolor de muelas, el toothache
dominico Dominican *(order of friars)*
duda doubt

dudar to doubt
dueño owner
dulce sweet
dulzor, el sweetness
duplicar (qu) to double
durar to last

E

echar la culpa to blame
ejecutar to execute
elegir (i) (j) to elect; to choose, select
elogiar to praise
elogio praise
emisario representative, agent
empero but; however
empezar (ie) (c) to start, begin
empresa undertaking, enterprise
en:
  en cuanto as soon as
  en fin at last, finally
encantador, el sorcerer
encerrar (ie) to lock up, confine
encima (de) on top (of)
encontrar (ue) to find
  encontrarse to find oneself
enfermedad, la illness, disease
engañar to deceive
engaño deception
engañoso, -a deceitful, deceptive
enseñanzas teachings
enseñar to teach; to show
entendimiento intelligence; understanding
enterarse (de) to find out (about)
enterrar to bury
entre between, among
enumerar to list, enumerate
envidia envy
  tenerle envidia a uno to envy someone
escaso de lacking, short of
escoger (j) to select, choose
escondite, el hiding place

escudero squire
escudilla bowl, soup plate
esforzar(se) (ue) (c) to make an effort, strive
especiero spice merchant
esperanza hope
esperar to wait; to hope; to expect
espía, el *or* **la** spy
estropeado, -a trampled, damaged, ruined
evitar to avoid
excusarse de + *infinitive* to decline to (*do something*)
explicar (qu) to explain
exponerse (IR) a + *infinitive* to run the risk of
expresar to express
extraño, -a strange

F
falta mistake; lack
faltar to lack, be missing
fatigas (*pl.*) troubles, hardships, toils
favorecer (zc) to favor; to help
favorito favorite, confidant
felicitar to congratulate
fiarse to trust, have faith
fiel loyal, faithful
figurar (entre) to include, be included (among)
fijarse (en) to look (at), notice
finca farm
fingir (j) to pretend
flaco, -a thin, skinny
flor, la flower
fraile, el friar, monk
frente, la forehead
frente a in front of
fuerza strength, force
fundir to melt (*metals*)

G
gallina chicken
ganancia earnings
ganar to win; to earn
garra claw
gasto expense
gluglú, el glug-glug; gurgling
golpe, el strike, blow
gozar (c) to enjoy
grada step (*of a stairway*)
granujas, los (*m.*) rogues
gritar to shout, cry out
guardar to protect; to stay/keep (away) from
guardar secreto to keep a secret
guerra war

H
hacer (IR) to make; to do
hacer daño to harm
hacer las paces to make up (*after an argument*)
hacerse la muerta (el muerto) to play dead
hacienda property, possessions; farm
hallar(se) to find (oneself)
helado, -a frozen
heredar to inherit
hereje, el heretic
herencia inheritance
herir (ie) (i) to wound
hermoso, -a beautiful
hermosura beauty
hígado liver
hoja leaf
honesto, -a honest
honra honor, dignity
honrado, -a honest; honorable
huevo egg
huésped, el *or* **la** guest
huir (y) to flee
humo smoke
hundir(se) to sink

I
ijada side (*under the ribs*)
impedir (i) to prevent

importar to matter, be important; to be of importance
incierto, -a uncertain
inconveniente, el drawback
infante, el prince
inspirar to inspire
intrigante, el *or* **la** schemer, plotter

J
jarro jar (*for drinking*)
joya jewel
juntarse to meet, gather
junto a next to

L
labrador, el farmer
lamentar to wail, bemoan
lastimarse to get hurt
lavar to wash
lector, el reader
lejano, -a distant, far away
lejos (de) far (from)
letrado learned man/person
levantarse to get up, stand up
ley, la law
librar to free
limpiar to clean
lisonja flattery
llegar (gu) (a) to arrive, come (to); to reach
llevar to take
llorar to cry
lo:
  lo mejor the best thing
  lo siguiente the following
lodo mud
lograr to attain; to manage (*to do something*)
lomo back (*of an animal*)
luchar to fight; to struggle
luego next, then
  luego de immediately after
lugar, el place

M
magia magic
mago magician
magullado, -a mangled
mal, el sorrow, trouble; disease
  mal de ojo evil eye
maltratar to abuse, mistreat
maltrecho, -a in bad shape
mandar to order
mantener (IR) to support (*financially*)
maravilloso, -a wondrous, marvelous
más more
  más allá farther down, farther away
matar to kill
mayor older; greater
médico doctor
medida measurement, size
mejorar to improve
mente, la mind
mentir (ie) (i) to lie, tell a lie
mentira lie
mentiroso liar
mercado market
merecer (zc) to deserve
mérito merit
meter to place, put
  meterse to go, place oneself
mezcla mixture
miedo fear
miedoso, -a fearful
miel, la honey
mientras while, as
mirar to look (at)
misma herself, itself
mismo himself, itself
mitad, la half; middle
modo manner
molestar to bother, annoy
  molestarse to become annoyed
montar (a *or* **en)** to ride (on)

moraleja brief moral story; moral *(of a story)*
morir (ue) (u) to die
moro Moor
mostrar (ue) to show
mozo lad, boy
muela tooth
muerte, la death
mundo world

N
nacer (zc) to be born; to hatch
nadie no one
naturaleza nature
necesitado, -a (de) needy, in need (of)
necesitar to need
negar(se) (ie) (gu) to refuse; to deny
ni...ni neither . . . nor
nigromancia necromancy, black magic
nocturno, -a nocturnal
nuera daughter-in-law
nuevamente again

O
o...o either . . . or
obedecer (zc) to obey
obispado bishopric *(office of bishop)*
obispo bishop
obligar (gu) to compel, oblige, force
obrar to proceed, do
obras body of works, works
ocultamente stealthily; secretly
ocultar(se) to hide
oculto, -a hidden, out-of-the-way
ocurrir to happen
olla pot
olvidar to forget
optar (por) to choose
orden, la order *(military or religious)*; command

orden, el order, sequence
orilla riverbank
oro gold
oveja sheep

P
pagar (gu) to pay, pay back
pago payment
país, el country, region
palafrenero groom *(for horses)*
panadizo infection of the toes
papa, el Pope
para que so that, in order that
parecer (zc) to seem
pariente, el *or* **la** relative
partir(se) to split, divide
pasar to pass; to happen
pasearse to go for a ride/walk
pata leg or foot *(of an animal)*
pavo real peacock
paz, la peace
pelear to fight
peligro danger
pelo hair; fur
pena sorrow
penoso, -a painful *(emotionally, spiritually)*
pensamiento thought
pensar (ie) to think; to plan
perder (ie) to lose
pérdida loss
perdiz, la partridge
perdón, el forgiveness
perjudicar(se) (qu) to harm, injure (oneself); to damage
perjuicio damage, setback
pesar to weigh
pesar, el sorrow
pícaro knave, rogue, con artist
pico beak
piedra stone
    piedras preciosas gems, precious stones

pierna leg
plata silver; money
pleito quarrel; lawsuit
pliegue, el fold (*of cloth in a garment*)
pluma feather
pobre poor
pobreza poverty
poder, el power; authority
poderoso, -a powerful
polvo dust, powder
polvorosa road
ponderar to praise highly
poner (IR) to put, place
   poner dulce to sugarcoat
   poner en peligro to endanger
   poner los pies en polvorosa to leave quickly, vanish
   poner redes to set up nets
por:
   por acaso by chance
   por dicha by good fortune
   por el contrario on the contrary
   por si acaso just in case
portarse to behave, act
premiar to reward
prender to apprehend, take prisoner
preocuparse (de *or* **por)** to worry (about), be concerned (about)
pretender to try, strive
pretexto excuse, pretext
príncipe, el prince (*See also* **infante.**)
probar (ue) to prove
producir (zc) (j) to produce
promesa promise
prometer to promise
propio, -a own
proponer (IR) to propose (*a project, business deal*)
propuesta proposition
proteger(se) (j) to protect (oneself)
provecho benefit

provechoso, -a profitable, beneficial
proverbio proverb, saying
prudente wise, reasonable, prudent
puesto office, post, position

Q
quedarse to remain, stay
quejarse to complain
quemar to burn
queso cheese
quien who; the one who
quitar to take away

R
raíz, la root
rama branch
rato moment, time (*short period*)
razón, la reason
reaccionar to react
realizar (c) to accomplish, carry out
recoger (j) to gather, pick up
recogido, -a secluded
recompensar to reward, compensate
recordar (ue) to remind; to recall, remember
red, la net
reducir (zc) (j) to reduce
reflejo reflection
regalo gift
regresar to return
reino kingdom
reír(se) (i) (de) to laugh (at)
relatar to recount, tell
remediar to remedy, correct, put right
remedio remedy; recourse
repartir to divide, split
repentinamente suddenly
restante remaining
reunir to gather
rico, -a rich
río river
riqueza richness, wealth

roer (IR) to gnaw
rogar (ue) (gu) to plead, entreat, implore
roído, -a gnawed
romance, el language, Romance language
romper to break
roto, -a broken
ruido noise

S
saber (IR) to be aware; to know; (*preterite*) to find out, learn of
sabio wise man
sacar (qu) to take out
salir (g) to go out; to come out
salón, el large room
saltar to jump
salvar(se) to save (oneself)
seda silk
seguidor, el follower
seguir (i) (gu) to follow
según according to
seguro, -a sure; safe
　estar seguro/a (de) (que) to be sure (of) (that)
sencillo, -a simple
sensato, -a sensible
sentir (ie) (i) to feel; to be sorry
señor, el lord, sir
siguiente next; the following
sino but
sirvienta, la servant
sirviente, el servant
Sol, el sun
soler (ue) + *infinitive* to be in the habit of [usually] (*doing something*)
sólo only
soltar (ue) to let go
solucionar to resolve
sombra shadow; shade
sonar (ue) to sound, make a sound

sonido sound
soñar (con) to dream (of, about)
soplar to blow
soportar to put up with, endure
sospechar to suspect
súbdito subject, vassal
suceder to happen, occur
sufrir to experience, undergo; to endure
suponer (IR) to suppose
susurrar to whisper

T
taller, el workshop
tamaño size
tejer to weave
tela cloth
tema, el subject, topic; theme
temer to fear
temporada a period of time
tenderse (ie) to lie down
tener (IR) to have
　tener éxito to succeed, be successful
　tener fama de to be known as, have the reputation of
　tener miedo de *or* a to be afraid of
　tener razón to be right
tierno, -a young
tierra earth, dirt
tijeras scissors
tirar to throw
tonto fool
traición, la treason, betrayal
trasquilar to shear
tumbar to knock down

U
último last, latter one
uña claw; nail

V

valer (g) to be worthwhile, worthy
valiente brave
valor, el courage; worth
vanidad, la vanity
vano, -a vain
vasallo vassal, subject
vecina neighbor (*female*)
vecino neighbor (*male*)
veloz swift, fast
vencedor, el victor, winner
vencer (z) to defeat; to win
vengarse (gu) (de) to avenge
   oneself; to retaliate
verdad, la truth
vergüenza shame
verso verse
vestido garment, clothing
vestir (i) to dress, clothe
   vestirse to get dressed
viento wind
villa village, small town
vituperio censure
volar (ue) to fly
voluntad, la will
volver (ue) to return
voz, la voice

Y

yegua mare
yerno son-in-law

Z

zorra female fox, vixen